Arquétipos:

A Chave Secreta da
Carol Capel
para Moldar a Realidade

Por Carol Capel

Comece por aqui:

———————————— ❖ ————————————

Desde os tempos sem princípio, a humanidade sempre buscou compreender sua existência por meio de símbolos, mitos e padrões de comportamento que se repetem ao longo da história. Esses padrões, conhecidos como arquétipos, estão enraizados no nosso inconsciente coletivo e influenciam profundamente a forma como pensamos, sentimos e agimos.

Mas o que realmente são os arquétipos?

E, mais importante, como podemos usá-los conscientemente para transformar nossa vida?

Os arquétipos são forças universais que moldam nossa identidade, nossas escolhas e até mesmo nossa realidade. Do Herói que supera desafios ao Sábio que busca o conhecimento, do Rei que governa com autoridade ao Criador que traz inovação ao mundo, cada arquétipo carrega uma energia específica que pode ser despertada dentro de nós. Quando entendemos como esses padrões funcionam e aprendemos a incorporá-los estrategicamente, desbloqueamos um potencial imenso para crescimento pessoal, sucesso e realização.

Este livro foi criado para guiá-lo nessa jornada de descoberta e transformação. Aqui, você aprenderá:

- Como os arquétipos operam no inconsciente e moldam sua realidade.
- Quais arquétipos dominam sua personalidade e como usá-los a seu favor.
- Técnicas para despertar arquétipos específicos e assumir o controle da sua narrativa pessoal.
- Como grandes líderes, artistas e visionários utilizam arquétipos para alcançar seus objetivos.

Ao longo destas páginas, você não apenas entenderá a teoria por trás dos arquétipos, mas também aprenderá como aplicá-los ativamente na sua vida.

Seja para ganhar mais confiança, melhorar seus relacionamentos, impulsionar sua carreira ou simplesmente compreender melhor a si mesmo, este conhecimento abrirá portas para um novo nível de autoconhecimento e poder pessoal.

Prepare-se para embarcar em uma jornada fascinante rumo à sua melhor versão. O poder dos arquétipos está à sua disposição—e agora é a sua vez de usá-lo.

Eu sou Carol Capel a sua alienígena favorita com mestrado em mistérios ocultos e nesse livro aqui vou te ensinar como usar os arquétipos da maneira correta para transformar o que você quiser transformar na sua vida.

Pois afinal de contas, eles têm sido usados por grandes corporações, por celebridades de Hollywood e por muitos outros sistemas da elite há milênios.

Então, por que você não pode usá-los também?

Nesse livro aqui eu não apenas te ensinarei a usá-los, como também apresentarei exemplos sobre como esses símbolos são usados pelos maiores e mais poderosos meios do nosso mundo.

O que são arquétipos?

Desde os primórdios da civilização, a humanidade tem contado histórias para entender e explicar o mundo. Narrativas mitológicas, contos de fadas, lendas e religiões refletem padrões recorrentes que parecem ressoar profundamente dentro de nós. Esses padrões, chamados de arquétipos, são estruturas simbólicas universais que moldam a forma como pensamos, sentimos e interagimos com o mundo.

O conceito de arquétipo foi amplamente estudado pelo psiquiatra Carl Gustav Jung, que descreveu os arquétipos como elementos do inconsciente coletivo – um reservatório compartilhado de imagens e padrões psicológicos que transcendem tempo e cultura.

Seja no herói que parte em uma jornada épica, na figura do sábio conselheiro ou na sombra interna que representa nossos medos reprimidos, os arquétipos estão presentes na literatura, no cinema, na arte e, o mais importante, em nossas próprias vidas.

Mas o que isso significa para você? Por que entender os arquétipos pode ser transformador? Neste texto, vamos explorar os arquétipos, como eles influenciam nosso comportamento e como você pode usá-los para desbloquear seu potencial e viver uma vida mais autêntica e poderosa.

O Conceito de Arquétipo Segundo Jung

Carl Jung definiu os arquétipos como formas primordiais de pensamento, moldadas por experiências ancestrais e transmitidas através das gerações. Eles não são ideias fixas, mas sim padrões que influenciam profundamente a psique humana.

Jung percebeu que, independentemente da cultura, certas figuras simbólicas apareciam repetidamente em mitos, religiões e sonhos. Essas figuras representam modelos universais de comportamento e têm um impacto direto na forma como percebemos e experimentamos a realidade.

O inconsciente coletivo, segundo Jung, é compartilhado por todos os seres humanos e contém os arquétipos como estruturas fundamentais. Assim como todos nós herdamos características físicas de nossos antepassados, também herdamos esses padrões psíquicos que guiam nossas emoções e ações.

Os Arquétipos Mais Comuns

Os Arquétipos Mais Comuns
Embora existam inúmeros arquétipos, Jung identificou alguns fundamentais que aparecem repetidamente na cultura humana. Vamos explorar os principais:

1. O Herói
O Herói é um dos arquétipos mais populares e reconhecíveis. Ele representa coragem, superação e a jornada do crescimento pessoal. No cinema e na literatura, ele aparece em figuras como Rei Arthur, Luke Skywalker, Harry Potter e Frodo Baggins.
O Herói enfrenta desafios, luta contra o mal e evolui ao longo da sua jornada. Psicologicamente, esse arquétipo está ligado ao desejo humano de conquistar obstáculos e atingir objetivos elevados.

2. O Sábio
O Sábio simboliza conhecimento, introspecção e sabedoria. Esse arquétipo aparece como mestres e conselheiros, como Merlin, Mestre Yoda e Gandalf.
Na vida real, esse arquétipo se manifesta em pessoas que buscam compreender a verdade, aprofundar seus conhecimentos e orientar os outros.

3. O Rebelde
O Rebelde (ou Fora da Lei) desafia o sistema, questiona normas e busca mudanças radicais. Esse arquétipo pode ser visto em figuras como Robin Hood, Coringa e até mesmo Steve Jobs.
O Rebelde é impulsionado por um desejo de revolução e autenticidade, sendo frequentemente admirado por sua ousadia.

4. O Criador

O Criador tem o dom da imaginação e inovação. Ele busca expressar sua visão interior através da arte, ciência ou empreendedorismo. Exemplos incluem Leonardo da Vinci, Walt Disney e Nikola Tesla.

Esse arquétipo é essencial para quem deseja inovar e criar algo único e transformador.

5. O Governante

O Governante representa poder, autoridade e controle. Ele aparece em figuras como reis, presidentes e CEOs. Psicologicamente, esse arquétipo está ligado ao desejo de estabilidade, ordem e liderança.

Pessoas com esse arquétipo forte tendem a assumir posições de comando e tomar decisões importantes.

6. O Cuidador

O Cuidador simboliza a empatia, proteção e generosidade. Ele aparece em figuras como mães, enfermeiros e professores.

Esse arquétipo é motivado pelo desejo de cuidar dos outros e proporcionar segurança e conforto.

7. O Amante

O Amante representa paixão, conexão e beleza. Ele aparece em histórias de amor e é guiado pelo desejo de se relacionar profundamente com os outros.

Esse arquétipo pode ser visto em personagens como Romeu e Julieta e em pessoas que vivem intensamente suas emoções e relações.

8. A Sombra

A Sombra é um dos arquétipos mais misteriosos e desafiadores. Ela representa os medos, desejos reprimidos e aspectos inconscientes da psique.

A Sombra pode se manifestar através de inveja, raiva ou padrões autossabotadores. Enfrentá-la e integrá-la é fundamental para o crescimento pessoal.

Como os Arquétipos Transformam Sua Vida?

Agora que você conhece os principais arquétipos, como usá-los a seu favor? Aqui estão algumas formas práticas de incorporar os arquétipos na sua vida:

Autoconhecimento – Descubra quais arquétipos predominam na sua personalidade. Isso pode ajudá-lo a entender seus comportamentos, desafios e pontos fortes.

Desenvolvimento pessoal – Use os arquétipos conscientemente para despertar aspectos latentes da sua personalidade e superar limitações.

Carreira e propósito – Entender seu arquétipo dominante pode guiar suas decisões profissionais e ajudar a escolher um caminho mais alinhado com sua essência.

Relacionamentos – Conhecer os arquétipos pode melhorar seus relacionamentos, permitindo que você compreenda melhor os padrões de comportamento das pessoas ao seu redor.

Narrativa pessoal – Ao reconhecer e ressignificar sua própria jornada através dos arquétipos, você se torna o protagonista da sua história e assume o controle do seu destino.

Arquétipo não é algo sobrenatural e também não é algo físico no sentido estrito da palavra. Ele não pertence ao mundo material, mas tampouco está ligado ao domínio do sobrenatural ou do esotérico, embora muitas tradições e filosofias espirituais tenham adotado os arquétipos como parte de suas explicações sobre a natureza humana. Na verdade, os arquétipos são estruturas psíquicas profundamente enraizadas na mente humana, moldadas por milhares de anos de evolução e presentes em todos os seres humanos, independentemente de cultura, tempo ou lugar.

Para entender a natureza dos arquétipos, é essencial compreender a teoria do inconsciente coletivo, proposta por Carl Gustav Jung.

Ele argumentava que, além do inconsciente pessoal, que armazena memórias individuais, existe um nível mais profundo da psique, compartilhado por toda a humanidade. Esse inconsciente coletivo é composto por imagens primordiais, padrões universais de pensamento e comportamento que emergem repetidamente na mitologia, nos sonhos e na vida cotidiana. Os arquétipos são essas imagens e padrões, que atuam como moldes psicológicos para nossas experiências e reações emocionais.

Os arquétipos não têm existência concreta, mas eles se manifestam no mundo físico por meio das ações, comportamentos e expressões culturais dos indivíduos. Isso significa que não podemos vê-los ou tocá-los diretamente, mas podemos perceber seus efeitos nas histórias que contamos, nas decisões que tomamos e nas formas como organizamos a sociedade. Eles emergem de maneira espontânea na arte, na religião, na política e até na ciência, pois refletem aspectos fundamentais da psique humana.

Para exemplificar, pense no arquétipo do herói. Ele aparece em narrativas desde as epopeias da Grécia Antiga até os filmes modernos de super-heróis. O herói enfrenta desafios, supera obstáculos e retorna transformado, muitas vezes trazendo benefícios para sua comunidade. Esse padrão se repete porque reflete uma jornada interior que todos os seres humanos reconhecem. Quando assistimos a uma história heroica, não estamos apenas sendo entretidos; estamos, em um nível profundo, revivendo e internalizando um modelo psicológico fundamental para o crescimento e superação de desafios. Essa jornada do herói, descrita por Joseph Campbell em sua teoria do monomito, é um exemplo de como os arquétipos estruturam nossa compreensão da vida.

Se os arquétipos não são sobrenaturais, então o que os torna tão poderosos? A resposta está na forma como nosso cérebro funciona.

A neurociência sugere que nossa mente é altamente simbólica e trabalha constantemente para encontrar padrões e significados nas experiências que vivemos.

Isso está relacionado ao funcionamento do sistema límbico, responsável por nossas emoções e reações instintivas, e ao neocórtex, que processa pensamentos abstratos e linguagem.

Os arquétipos, portanto, são interpretações simbólicas que emergem da interação entre essas partes do cérebro, ajudando-nos a dar sentido ao mundo e a nos orientarmos em meio às incertezas da existência.

Pesquisas na área da psicologia evolutiva indicam que os arquétipos podem ter uma base biológica. Por exemplo, o arquétipo da mãe nutre e protege a criança, garantindo sua sobrevivência. O arquétipo do sábio representa a busca por conhecimento e sabedoria, qualidades que ajudaram as sociedades humanas a se desenvolverem ao longo do tempo. Esses padrões de comportamento não são aprendidos exclusivamente por meio da cultura; eles estão inscritos em nossa programação genética e emergem espontaneamente na experiência humana. Estudos mostram que bebês recém-nascidos já possuem preferências e medos instintivos, como o medo de predadores ou a atração por rostos humanos, sugerindo que certas predisposições estão enraizadas em nosso cérebro desde o nascimento.

Se os arquétipos são padrões psíquicos e não entidades físicas, como podemos experimentá-los de forma tão vívida? A resposta está na maneira como nossa mente interpreta a realidade. Quando entramos em contato com uma história que incorpora um arquétipo, nosso cérebro responde emocionalmente, ativando memórias, associações e sentimentos profundos. Esse processo é semelhante ao que acontece quando sonhamos. Nos sonhos, arquétipos aparecem como símbolos, figuras misteriosas ou eventos que parecem carregar significados ocultos. Um sonho com uma jornada perigosa pode representar um desafio interno que estamos enfrentando, e uma figura sábia pode ser uma manifestação do nosso próprio conhecimento inconsciente nos guiando.

Outra forma como os arquétipos se manifestam é por meio das projeções psicológicas. Muitas vezes, vemos nos outros características que, na verdade, pertencem a nós mesmos, mas que não conseguimos reconhecer conscientemente. Por exemplo, uma pessoa que constantemente vê inimigos em todos os lugares pode estar projetando sua própria agressividade reprimida no mundo exterior. Esse fenômeno está relacionado ao arquétipo da sombra, que representa os aspectos da psique que tentamos negar ou esconder. Quando não reconhecemos nossa própria sombra, corremos o risco de projetá-la nos outros, criando conflitos e distorcendo nossa percepção da realidade.

O conceito de sombra é fundamental para compreender os arquétipos e sua influência em nossas vidas. Segundo Jung, a sombra contém tudo o que rejeitamos em nós mesmos, desde instintos primitivos até desejos reprimidos e medos profundos. No entanto, a sombra não é apenas negativa. Ela também contém potenciais não desenvolvidos, talentos ocultos e forças que podem ser integradas à consciência. Quando reconhecemos e aceitamos nossa sombra, conseguimos equilibrar os aspectos positivos e negativos dos arquétipos dentro de nós. Isso nos permite agir de maneira mais autêntica e menos impulsiva, reduzindo os conflitos internos e melhorando nossos relacionamentos.

A integração da sombra é um dos processos centrais do desenvolvimento psicológico, conhecido como individuação. Esse processo envolve o reconhecimento e a harmonização de todos os aspectos da psique, incluindo os arquétipos. A individuação não significa eliminar os aspectos sombrios de nossa personalidade, mas sim integrá-los de forma consciente e equilibrada. Isso nos permite usar a energia dos arquétipos de maneira positiva, sem ser dominados por eles. Por exemplo, uma pessoa com um forte arquétipo do governante pode aprender a exercer liderança sem cair na tirania. Um artista criador pode aprender a canalizar sua criatividade sem ser consumido pelo perfeccionismo e pela autossabotagem.

Os arquétipos também exercem um papel crucial nas nossas relações interpessoais. Muitas vezes, escolhemos parceiros românticos, amigos e mentores baseando-nos em arquétipos inconscientes. Uma pessoa que busca um relacionamento pode se sentir atraída por alguém que representa o arquétipo do amante ou do cuidador, enquanto alguém em busca de direção pode procurar um mentor que incorpore o arquétipo do sábio. No entanto, se esses arquétipos forem vividos de maneira inconsciente, podem gerar padrões repetitivos de relacionamentos tóxicos ou insatisfatórios. É comum que as pessoas projetem suas próprias necessidades e inseguranças nos outros, esperando que o parceiro ou amigo preencha um vazio interno que, na verdade, precisa ser trabalhado internamente.

No contexto social e cultural, os arquétipos são usados para moldar narrativas coletivas e influenciar comportamentos em larga escala. Governos, religiões e empresas utilizam arquétipos para criar identidades e mensagens poderosas. O arquétipo do herói é frequentemente usado para construir líderes carismáticos e justificar ações políticas. O arquétipo do rebelde é adotado por movimentos sociais que desafiam o status quo. O arquétipo do sábio é evocado para dar credibilidade a cientistas e intelectuais. Essa utilização estratégica dos arquétipos demonstra que eles não são apenas conceitos psicológicos abstratos, mas forças reais que impactam a estrutura da sociedade.

Se os arquétipos são tão poderosos, como podemos usá-los conscientemente para nosso crescimento pessoal? O primeiro passo é desenvolver a autoconsciência e reconhecer quais arquétipos estão ativos em nossa vida. Isso pode ser feito por meio da introspecção, da análise de sonhos, da observação de padrões comportamentais e do estudo de mitologias e histórias que ressoam profundamente conosco. O segundo passo é trabalhar a integração dos arquétipos, equilibrando seus aspectos de luz e sombra. Isso significa aceitar nossos impulsos e emoções sem reprimi-los, ao mesmo tempo em que buscamos formas saudáveis de expressá-los.

O terceiro passo é usar esse conhecimento para tomar decisões mais alinhadas com nossa verdadeira essência, em vez de agir no piloto automático, guiados por padrões inconscientes.

Compreender os arquétipos e seus efeitos não é apenas um exercício intelectual, mas uma jornada prática de autoconhecimento e transformação. Quando aprendemos a reconhecer os arquétipos em nós mesmos e no mundo ao nosso redor, adquirimos uma nova perspectiva sobre a vida e desenvolvemos ferramentas para lidar com desafios, construir relacionamentos mais saudáveis e alcançar nosso verdadeiro potencial. Dessa forma, os arquétipos não são forças sobrenaturais ou realidades físicas, mas sim mapas internos que nos ajudam a navegar pela experiência humana com mais clareza e propósito.

Os Arquétipos Ocultos nas Bandeiras e Brasões: O Código Secreto do Poder

Ao longo da história, símbolos sempre exerceram um fascínio quase místico sobre a humanidade. Reis, impérios, sociedades secretas e nações inteiras criaram bandeiras, brasões e emblemas que carregam significados muito mais profundos do que a maioria das pessoas percebe. Mas e se esses símbolos não fossem apenas elementos decorativos ou representações aleatórias de ideais? E se, na verdade, estivessem carregados com arquétipos poderosos, projetados para influenciar o inconsciente coletivo e reforçar narrativas de controle e identidade?

Ao analisar a simbologia das bandeiras nacionais, brasões de família e selos de grandes impérios, é impossível não notar a presença repetitiva e estratégica de certos arquétipos. O Herói, o Governante, o Sábio, o Criador, a Sombra—esses padrões psicológicos fundamentais estão espalhados por toda parte, escondidos à vista de todos.

Governos, monarquias e organizações ao longo da história utilizaram arquétipos em suas representações visuais não apenas para fortalecer um senso de identidade nacional, mas para moldar a forma como as massas percebem seu papel na sociedade. A pergunta que fica é: será que fomos condicionados a pensar de certas maneiras através desses símbolos?

A bandeira é, sem dúvida, o símbolo máximo da identidade nacional. Ela representa uma ideia abstrata que deve ser aceita sem questionamento: a ideia de pátria, ordem e submissão a uma autoridade superior. E se observarmos as cores e formas das bandeiras pelo mundo, logo percebemos padrões muito bem estabelecidos—e nada disso é por acaso.

A cor vermelha, por exemplo, está presente em dezenas de bandeiras. Mas por quê? O vermelho está ligado ao arquétipo do Herói e do Guerreiro—a coragem, o sacrifício, a luta pelo poder. Impérios e nações que desejam se projetar como forças dominantes adotam essa cor sem hesitação. Bandeiras como as da China, Rússia, Estados Unidos, Turquia, França e Reino Unido utilizam essa tonalidade para evocar sentimentos de força e patriotismo inflamado.

Já o azul, por outro lado, está associado ao arquétipo do Sábio e do Governante—ordem, estabilidade, liderança racional. É a cor do céu e dos mares, evocando confiança e autoridade. Por isso, bandeiras de países como Estados Unidos, Reino Unido, França e Israel fazem uso estratégico dessa tonalidade para transmitir uma ideia de poder estruturado.

O branco, muitas vezes presente ao lado dessas cores, é frequentemente usado para simbolizar pureza, paz e divindade, conectando-se ao arquétipo do Criador e do Salvador. Mas será que essa paz é realmente o que parece? Ou será uma forma de reforçar uma narrativa específica?

As estrelas, cruzes e listras que encontramos nessas bandeiras são ainda mais intrigantes. O pentagrama (estrela de cinco pontas), encontrado em diversas bandeiras, carrega significados ocultos desde tempos imemoriais. Nos Estados Unidos, as estrelas representam os estados da federação, mas também fazem alusão à hierarquia do poder. E o que dizer da cruz, que aparece nas bandeiras da Inglaterra, Escócia, Suécia e Suíça? Esse símbolo remonta à era das cruzadas e carrega consigo o arquétipo do Herói e do Mártir, aquele que se sacrifica pelo bem maior.

Se as bandeiras servem para evocar sentimentos tão profundos, quem está realmente no controle dessas emoções?

Se bandeiras são projetadas para criar um senso de unidade nacional, os brasões de família representam a perpetuação do poder em níveis mais íntimos. Durante séculos, brasões foram utilizados por famílias nobres, casas reais e linhagens influentes para transmitir uma mensagem muito clara: nós governamos, nós pertencemos a uma elite, nós somos os escolhidos.

Esses brasões não eram apenas marcas de identidade, mas estratégias psicológicas projetadas para manter a hierarquia e a submissão das massas. Quem observasse um brasão cheio de leões, águias, espadas e coroas deveria imediatamente reconhecer sua posição na sociedade e aceitar a autoridade daquela linhagem.

O leão é um dos símbolos mais recorrentes e não por acaso. Ele representa o Governante supremo, o Rei, a força inquestionável. O leão aparece nos brasões da Inglaterra, da Noruega e até do Vaticano. Mas será que esse símbolo era apenas um capricho artístico? Ou estaria reforçando uma narrativa onde certos grupos eram destinados a governar enquanto outros deveriam obedecer?

A águia, por sua vez, representa o domínio e a visão estratégica, aparecendo em impérios como o Romano, o Napoleônico e o Alemão. Napoleão Bonaparte sabia exatamente o que estava fazendo ao adotar a águia como símbolo de seu reinado—ela evocava instantaneamente o arquétipo do líder visionário e implacável, consolidando sua imagem como um novo César.

O dragão, presente em brasões de algumas linhagens antigas, evoca a dualidade entre o Criador e a Sombra—o guardião dos tesouros secretos, aquele que protege um poder ancestral. Famílias e sociedades ocultas adotaram esse símbolo para sinalizar sua ligação com forças muito mais profundas do que as aparências sugerem.

Os brasões eram uma forma de comunicação subliminar. Eles enviavam uma mensagem que ultrapassava as palavras: esta família é especial, esta linhagem é sagrada, este poder não pode ser desafiado.

Mas quem definiu que certos símbolos carregavam essa força? E por que esses padrões são tão recorrentes?

Governos, impérios e sociedades ao longo dos séculos compreenderam uma verdade fundamental: as pessoas não precisam ser obrigadas a seguir ordens se forem convencidas a acreditar nelas.

O uso estratégico dos arquétipos em bandeiras, brasões e símbolos oficiais não é apenas uma questão estética. É um jogo psicológico que se desenrola no nível do inconsciente coletivo.

Quando uma nação adota símbolos como a águia, o leão, a cruz ou as estrelas, ela está evocando arquétipos que falam diretamente à psique humana. Esses arquétipos têm um impacto emocional profundo, criando conexões imediatas entre a identidade do indivíduo e a estrutura de poder que governa essa identidade.

Pense na bandeira dos Estados Unidos, que combina estrelas e listras vermelhas e azuis. Cada elemento ali foi meticulosamente escolhido para reforçar uma narrativa: força, unidade, patriotismo e liderança global. A população cresce vendo essa bandeira tremular em todos os lugares, associando automaticamente sua identidade ao poder da nação.

Agora pense nos brasões das monarquias europeias, cheios de animais ferozes e coroas douradas. Eles não apenas representam poder, mas legitimam esse poder como algo divino, inevitável, inquestionável.

Se acreditamos que esses símbolos são meras coincidências ou tradições, talvez seja hora de olhar com mais atenção. Os arquétipos não apenas refletem a psique humana; eles são usados para moldá-la. A pergunta que fica é: até que ponto somos livres para pensar e até que ponto já estamos condicionados por símbolos que nos rodeiam desde o nascimento?

Os Arquétipos Ocultos dos países mais ricos do mundo: O Código Secreto do Poder

A China é uma civilização que desafia o tempo, moldada por milênios de tradição, disciplina e estratégia. Seu povo, sua cultura e suas estruturas de poder são forjadas a partir de arquétipos profundamente enraizados no inconsciente coletivo, representando um dos mais fascinantes exemplos de resiliência e domínio da psique humana. Não é coincidência que, apesar de invasões, guerras e crises internas, a China continue se fortalecendo, ressurgindo de cada desafio com ainda mais poder e influência. O que está por trás dessa força? Será que existe um código oculto que impulsiona essa nação há milênios?

Ao observar a cultura chinesa sob a ótica dos arquétipos, é possível notar um padrão surpreendente. Diferentemente das potências ocidentais, que tendem a exaltar o arquétipo do Herói, com sua busca incessante por glória individual e batalhas espetaculares, a China fundamenta sua identidade nacional em um jogo muito mais sofisticado. O poder chinês não se baseia na força bruta, mas em uma estratégia calculada, silenciosa e muitas vezes invisível. Aqui, o Governante, o Sábio e o Criador dominam a narrativa, enquanto a Sombra é cuidadosamente controlada e utilizada a favor da coletividade. O resultado? Uma civilização que atravessou séculos e dinastias sem perder sua essência, acumulando influência global sem precisar seguir o modelo de conquista militar ocidental.

O arquétipo do Governante é, sem dúvida, a peça central da mentalidade chinesa. A cultura da obediência, do respeito à hierarquia e da organização social rigorosa não surgiu por acaso. O Imperador chinês, visto como o Filho do Céu, governava sob o Mandato Celestial, um conceito que legitimava o poder absoluto desde os tempos da dinastia Zhou.

Esse conceito transcendia o imperador em si e se tornava um arquétipo coletivo, onde o próprio povo incorporava a ideia de que a estabilidade e a ordem eram essenciais para a sobrevivência da nação. Diferente do Ocidente, onde a ideia de liberdade individual se tornou central, a China moldou sua cultura em torno do coletivo, onde o dever e a disciplina são valores inegociáveis.

Essa mentalidade se reflete na forma como a China lida com crises. Enquanto países ocidentais frequentemente enfrentam instabilidade política e movimentos de revolta, a China absorve as crises e transforma as dificuldades em oportunidades. Durante a Revolução Cultural de Mao Tsé-Tung, milhões foram perseguidos e o país mergulhou em uma das fases mais brutais de sua história. Mas ao invés de colapsar, a China emergiu desse período ainda mais forte, reformulando sua economia e assumindo um papel de liderança no cenário global. O arquétipo do Governante foi realinhado, deixando de lado o dogmatismo do comunismo radical e adotando um modelo híbrido de controle estatal e abertura econômica. Esse tipo de adaptação não acontece por acaso—é um reflexo da resiliência cultural que está profundamente enraizada no inconsciente coletivo chinês.

Mas a força da China não se resume apenas ao arquétipo do Governante. O arquétipo do Sábio também desempenha um papel fundamental na maneira como o povo chinês enxerga o conhecimento, a estratégia e a paciência. A filosofia de Confúcio, que permeia a cultura chinesa há mais de dois mil anos, ensina que o verdadeiro poder não vem da imposição da força, mas do entendimento profundo das regras do jogo. Isso se reflete na forma como a China expande sua influência no mundo. Diferente dos Estados Unidos e da Europa, que historicamente impuseram sua hegemonia por meio da força militar, a China joga o jogo de maneira muito mais sutil. Ela não invade—ela compra. Não domina—convence. O arquétipo do Sábio se manifesta na paciência estratégica que transforma adversidades em vantagens e obstáculos em degraus para o poder.

Um exemplo claro disso é a iniciativa "Um Cinturão, Uma Rota", um projeto monumental que visa recriar a Rota da Seda e conectar a China economicamente a dezenas de países da Ásia, Europa e África. Enquanto o Ocidente se envolve em conflitos e disputas diplomáticas, a China constrói infraestrutura, investe em alianças e fortalece sua rede de influência global. Essa estratégia é um reflexo direto do pensamento estratégico de Sun Tzu, cuja obra, "A Arte da Guerra", é um verdadeiro manual do arquétipo do Sábio em ação. Sun Tzu ensina que a melhor guerra é aquela que se vence sem precisar lutar. E é exatamente isso que a China faz. Ela não precisa de batalhas grandiosas para expandir seu domínio. Ela apenas cria as condições certas para que sua influência se torne indispensável.

Outro arquétipo essencial na cultura chinesa é o Criador. A China sempre foi um berço de invenções e avanços tecnológicos, desde a bússola e a pólvora até as mais recentes inovações em inteligência artificial e computação quântica. O arquétipo do Criador impulsiona a nação a buscar constantemente novas soluções, mas sempre com um propósito muito bem definido: fortalecer o coletivo. Enquanto no Ocidente a inovação é frequentemente impulsionada pela competição individual, na China ela é planejada como um instrumento de poder nacional. O governo chinês investe massivamente em pesquisa e tecnologia não apenas para gerar lucro, mas para consolidar sua posição como líder global. Esse tipo de mentalidade reflete um entendimento profundo do papel da criatividade dentro de um contexto estratégico, algo que muitas potências ocidentais subestimam.

Mas a China também tem sua Sombra, e essa Sombra é uma das mais bem controladas do mundo. Diferente de países onde os aspectos sombrios da sociedade emergem de forma caótica e imprevisível, a China mantém sua Sombra sob rígido controle. Censura, vigilância e repressão são ferramentas usadas para evitar que a Sombra se torne uma ameaça ao equilíbrio da nação.

A diferença aqui é que, enquanto no Ocidente a Sombra frequentemente se manifesta em escândalos, revoltas e crises de identidade, na China ela é gerida como parte de um sistema maior. Isso cria um paradoxo fascinante: um país que projeta estabilidade absoluta, mas que ao mesmo tempo precisa reprimir partes de si mesmo para manter essa imagem.

O que torna tudo isso ainda mais intrigante é que a China não apenas entende os arquétipos—ela os usa de forma deliberada para consolidar seu domínio. Cada movimento do governo chinês, cada decisão estratégica, cada ação no cenário internacional segue um padrão cuidadosamente calculado para evocar os arquétipos certos no momento certo. Quando precisa demonstrar poder, ativa o Governante. Quando precisa expandir sua influência sem gerar resistência, ativa o Sábio. Quando precisa dar um salto tecnológico, ativa o Criador. E quando precisa silenciar ameaças internas, mantém a Sombra sob controle.

Isso significa que o sucesso da China não é um acidente, nem apenas o resultado de políticas econômicas bem-sucedidas. É o resultado de um entendimento profundo da psique coletiva, uma aplicação estratégica de arquétipos que moldam a identidade nacional de forma meticulosa. Enquanto outros países se debatem em crises internas, a China avança como uma entidade que parece imune ao caos. Mas será que isso é uma vantagem absoluta? Ou será que essa estratégia, tão cuidadosamente planejada, também tem suas vulnerabilidades ocultas?

A questão final é se o resto do mundo está preparado para enfrentar um adversário que não luta da forma tradicional. A guerra do futuro não será travada com tanques e mísseis, mas com narrativas, estratégias econômicas e a manipulação da psique coletiva. E se a China continuar jogando esse jogo com a mesma precisão que demonstrou até agora, será que alguma outra nação conseguirá realmente detê-la? Ou será que estamos apenas assistindo ao desenrolar de um plano que foi traçado há séculos, um plano que sempre esteve oculto à vista de todos?

A mitologia chinesa é um labirinto de símbolos, narrativas e arquétipos que transcendem o tempo, moldando não apenas a cultura, mas também a psique de um povo que construiu um império sobre a resiliência, a estratégia e o entendimento profundo da natureza do poder. Entre todas as criaturas místicas e figuras mitológicas que permeiam essa tradição, dois arquétipos emergem como os mais poderosos e influentes: o Dragão e a Serpente. Para os chineses, esses seres não são meramente personagens de lendas ou representações folclóricas, mas forças ativas, manifestações de princípios fundamentais que guiam desde o destino individual até o equilíbrio das dinastias e o sucesso da nação.

O Dragão e a Serpente são arquétipos que carregam significados profundamente ambíguos. Diferente da visão ocidental, onde o Dragão frequentemente representa o caos e a ameaça que precisa ser derrotada pelo herói, na cultura chinesa ele simboliza a força, a sabedoria e a soberania absoluta. É por isso que os imperadores chineses se proclamavam descendentes do Dragão, justificando seu poder como algo divino, inquestionável, eterno. A Serpente, por sua vez, desempenha um papel dúbio, ora sendo vista como um guardião da sabedoria oculta, ora como uma entidade traiçoeira e manipuladora, cuja presença desafia a ordem e testa aqueles que buscam poder sem preparo.

O Dragão chinês não é um monstro a ser derrotado, mas uma força a ser compreendida. Ele não se esconde em cavernas guardando tesouros, como no imaginário europeu, mas voa livremente nos céus, controlando tempestades, guiando os ciclos da natureza e garantindo a estabilidade do império. Sua simbologia remonta aos primórdios da civilização chinesa, onde era associado ao imperador, à ordem cósmica e à energia Yang, a força ativa e criadora que estrutura o mundo. Diferente das figuras ocidentais de realeza, que se baseavam na autoridade terrena e no direito divino conferido por religiões monoteístas, o Imperador chinês era visto como o intermediário entre o céu e a terra, um ser cuja legitimidade não vinha de um Deus antropomórfico, mas da harmonia com as forças universais.

É por isso que o Dragão é encontrado em todos os lugares onde a autoridade precisa ser afirmada: nos palácios da Cidade Proibida, nos trajes cerimoniais dos imperadores, nos emblemas das dinastias e nos festivais mais importantes da China. Ele não é apenas um símbolo de força, mas um código de domínio, um arquétipo que instrui a população sobre quem está no controle e por quê. Essa ideia persiste até hoje, influenciando a mentalidade chinesa de forma quase subconsciente. Um governo forte, disciplinado e acima de tudo estratégico é aquele que encarna o espírito do Dragão.

Mas há um detalhe ainda mais intrigante nessa mitologia: o Dragão chinês não tem asas. Diferente dos dragões ocidentais, que possuem grandes membranas para voar, o Dragão oriental desafia a lógica e se eleva pelos céus através de sua própria força inata. Isso tem implicações profundas. Ele não precisa de um meio físico para ascender—sua ascensão é natural, inevitável, como o destino de uma civilização que sempre encontra uma maneira de se reerguer, independentemente dos desafios. Essa ideia ressoa na história da China, que foi dividida, invadida, humilhada, mas sempre encontrou uma forma de recuperar seu poder, assim como o Dragão que nunca perde sua capacidade de voar.

Se o Dragão representa o governo absoluto e a ordem, a Serpente é sua antítese, mas também sua aliada oculta. A Serpente, na cultura chinesa, está ligada a arquétipos de transformação, mistério e sabedoria oculta. Ela não governa abertamente como o Dragão, mas exerce influência nos bastidores, dominando as artes da paciência e da astúcia. E aqui começa o verdadeiro jogo simbólico: enquanto o Dragão é o arquétipo do poder manifesto, a Serpente é o arquétipo do poder silencioso, do conhecimento oculto que pode moldar o destino sem que ninguém perceba.

Nos mitos chineses, a Serpente aparece frequentemente associada a divindades femininas e figuras que desempenham papéis de mediação entre o mundo dos homens e o desconhecido. Um dos exemplos mais emblemáticos é Nuwa, a deusa-serpente que, segundo a lenda, moldou os primeiros seres humanos a partir do barro e reparou os pilares do céu quando o caos ameaçou destruir a ordem. Essa narrativa revela um conceito fundamental da mitologia chinesa: a Serpente é tanto a criadora quanto a restauradora, e seu papel está sempre ligado a ciclos de destruição e reconstrução. Quando uma dinastia entrava em decadência, era comum que lendas surgissem associando a ascensão de novos governantes a sinais de serpentes ou dragões, sugerindo que esses arquétipos eram ativados em momentos de grande transição.

Outro aspecto fascinante da Serpente na cultura chinesa é sua ligação com práticas espirituais e filosóficas. No Daoísmo, por exemplo, a Serpente é frequentemente associada à energia Kundalini, que sobe pela espinha e desperta níveis mais elevados de consciência. Essa conexão entre a Serpente e o despertar espiritual sugere que aqueles que compreendem seus mistérios têm acesso a um tipo de conhecimento que vai além do mundo físico, algo que muitas sociedades secretas e grupos de poder sempre buscaram dominar.

A relação entre o Dragão e a Serpente é cheia de camadas. Em algumas lendas, eles são inimigos mortais, representando a luta entre a ordem e o caos. Em outras, são manifestações diferentes da mesma força, duas faces de uma moeda que precisa estar em equilíbrio. Um dos exemplos mais interessantes disso está na iconografia do Dragão e da Fênix, um dos pares simbólicos mais poderosos da tradição chinesa. A Fênix, embora muitas vezes associada à energia feminina, carrega traços da Serpente em sua essência. Ela renasce das cinzas, assim como a Serpente troca de pele para renovar sua existência. Esse ciclo de morte e renascimento reflete a própria trajetória da China, que ao longo da história passou por ciclos de ascensão, crise e reconstrução, sem jamais perder sua identidade.

Há algo ainda mais intrigante nessa dualidade: o Dragão sempre foi símbolo do governo imperial, mas a Serpente frequentemente aparecia nos relatos de rebeliões e mudanças drásticas no poder. Isso significa que, enquanto a China oficial sempre se apresentava como um império regido pela força ordenadora do Dragão, forças subterrâneas operavam silenciosamente sob o arquétipo da Serpente, esperando o momento certo para emergir. Esse padrão não se limita ao passado. Na política moderna chinesa, o Dragão continua representando o governo e sua visão de estabilidade, enquanto a Serpente se manifesta em movimentos que desafiam essa ordem, seja internamente, seja por meio da adaptação estratégica do próprio sistema às pressões externas.

Se há algo que a história da China ensina, é que esses arquétipos não são apenas símbolos decorativos. Eles são ferramentas de poder, códigos invisíveis que estruturam a forma como a civilização enxerga a si mesma e ao mundo. O Dragão dita as regras, mas a Serpente encontra maneiras de dobrá-las. O Dragão voa nos céus, mas a Serpente conhece os caminhos subterrâneos. E em algum lugar entre esses dois extremos, está a essência de uma nação que, silenciosa e implacavelmente, molda seu destino sem jamais revelar todos os seus segredos.

O que a China realmente está construindo? Qual será o próximo passo dessa civilização que nunca para de renascer? Estaremos apenas testemunhando o desenrolar de um plano traçado há milênios, um plano no qual o Dragão e a Serpente sempre desempenharam seus papéis com precisão absoluta? Se há algo certo, é que a resposta para essas perguntas não está nos discursos oficiais ou nos noticiários ocidentais, mas nos próprios arquétipos que governam a alma da China, arquétipos que continuam a se mover nas sombras, aguardando o momento certo para se manifestar mais uma vez.

Os Arquétipos Ocultos de Hollywood

Hollywood é mais do que uma fábrica de entretenimento. É um verdadeiro laboratório de manipulação simbólica, onde cada detalhe — de figurinos e videoclipes a discursos e premiações — é cuidadosamente planejado para projetar uma imagem, ativar arquetipos profundos e manter a influência sobre as massas. Artistas e cantores, muitas vezes vistos como meros produtos culturais, são na verdade peças-chave em um jogo muito mais complexo: um jogo de poder e de permanência no imaginário coletivo.

Ao longo das décadas, um padrão se tornou evidente. Estrelas do cinema e da música não apenas criam suas obras; elas se tornam arquétipos vivos, encarnando símbolos universais que garantem sua relevância constante. Eles não são apenas pessoas — são figuras míticas cuidadosamente construídas, invocando arquétipos ancestrais, signos de animais, símbolos planetários e elementos ocultistas para solidificar suas imagens e assegurar sua presença nas mentes do público.

A Ascensão ao Poder: Arquétipos da Jornada do Herói

O primeiro passo para qualquer artista que deseja se tornar um ícone cultural é ativar o arquétipo do Herói. Hollywood adora narrativas de ascensão, e muitos cantores e atores têm suas carreiras moldadas como uma jornada heróica: começam como jovens desconhecidos, enfrentam desafios, superam obstáculos e emergem como figuras inabaláveis da indústria.

Exemplos clássicos são as trajetórias de Madonna, Lady Gaga, Beyoncé, Eminem e Kanye West, todos apresentados ao público como outsiders que desafiaram as normas e se tornaram forças dominantes. Esse padrão não é coincidência — ele se encaixa perfeitamente na estrutura do monomito, popularizado por Joseph Campbell, que descreve a jornada do herói como um caminho universal de transformação e conquista.

Mas o mais interessante é que, em muitos casos, essa jornada não termina com a vitória.

Para permanecerem no topo, essas figuras precisam se reinventar constantemente, invocando novos arquétipos e adotando simbolismos poderosos.

A Metamorfose: O Arquétipo do Criador e a Transmutação

Nenhum artista de Hollywood pode se manter relevante por décadas sem mudar de forma. Essa transmutação é essencial para garantir que sua presença nunca se torne obsoleta. Cantores e atores recorrem ao arquétipo do Criador, que lhes permite quebrar padrões e estabelecer novas tendências.

Madonna, por exemplo, se reinventa constantemente — de estrela pop dos anos 80 a uma figura altamente simbolista nos anos 90, flertando com a espiritualidade cabalística e elementos da simbologia oculta. Lady Gaga faz o mesmo, criando personas que transitam entre o andrógino, o monstruoso e o divino. Esses artistas não apenas mudam sua estética — eles invocam arquétipos diferentes a cada nova fase, garantindo que seu público permaneça intrigado e emocionalmente conectado.

David Bowie é outro caso clássico. Ele assumiu diversas identidades ao longo da carreira, de Ziggy Stardust a The Thin White Duke. Mas o mais interessante não era apenas a mudança estética — cada uma dessas personas ativava um arquétipo distinto, criando novas narrativas mitológicas ao redor de sua figura.

O Arquétipo do Governante: O Controle da Indústria

Se o Herói conquista, o Governante mantém o poder. Alguns artistas ultrapassam a barreira da celebridade e assumem o arquétipo do Governante, tornando-se figuras de autoridade dentro da indústria.

Jay-Z e Beyoncé são exemplos clássicos. O casal não apenas domina a música, mas controla redes de influência e está sempre cercado por uma aura de realeza. Eles evocam simbolismos associados a dinastias e ao domínio absoluto sobre sua arte. Seus videoclipes e performances frequentemente incluem coroas, tronos e referências a monarquias antigas, sugerindo que estão além da simples cultura pop — são forças soberanas dentro do sistema.

Isso não é apenas um jogo estético. Eles entendem que, para permanecer no topo, precisam evocar arquétipos de autoridade. Os fãs não apenas os veem como músicos talentosos, mas como figuras superiores, quase intocáveis.

O Uso de Animais como Representação Arquetípica

Outro padrão notável na indústria do entretenimento é o uso de animais como símbolos arquetípicos. Não é mera coincidência que muitos artistas adotem animais como extensões de suas imagens públicas. Esses símbolos são profundamente gravados no inconsciente coletivo e evocam significados poderosos.

O leão, por exemplo, representa força e soberania. Beyoncé se apropria desse símbolo em diversas ocasiões, inclusive em sua era "The Lion King" e em suas performances épicas, onde assume a posição de uma líder indomável.

Já a serpente, símbolo de conhecimento oculto e transformação, é frequentemente usada por artistas que querem transmitir mistério e transmutação. Madonna e Britney Spears já utilizaram serpentes em performances icônicas, e o símbolo reaparece em clipes e cenografias de diversos cantores.

O corvo, associado à morte e ao renascimento, aparece constantemente em imagens ligadas a artistas que exploram o lado sombrio do entretenimento. Marilyn Manson, por exemplo, usa esse arquétipo para reforçar sua estética gótica e sua conexão com a Sombra.

O fênix, pássaro mítico que renasce das cinzas, é um arquétipo fundamental para artistas que passaram por escândalos ou quedas públicas e precisam reaparecer com nova força. Britney Spears, após sua crise de 2007, usou esse arquétipo para reconstruir sua carreira.

A Simbologia Planetária e o Controle da Narrativa

Além dos animais, muitos artistas invocam símbolos planetários e cósmicos para reforçar sua influência. O Sol e a Lua, por exemplo, são figuras constantes em videoclipes e imagens promocionais.

O Sol, associado à iluminação, poder e divindade, é frequentemente utilizado por artistas que desejam se posicionar como figuras iluminadas ou visionárias. Kanye West e Jay-Z frequentemente usam esse símbolo, seja em roupas ou em cenários de apresentações.

A Lua, por outro lado, está ligada ao mistério, à intuição e ao oculto. Artistas como Lana Del Rey, Billie Eilish e The Weeknd incorporam a Lua em suas imagens, transmitindo uma aura de conhecimento secreto e introspectivo.

Até mesmo planetas específicos são utilizados como arquétipos. David Bowie explorou Marte em sua estética Ziggy Stardust, sugerindo que ele vinha de outro mundo e possuía um conhecimento além da humanidade. Ariana Grande fez referência a Vênus para evocar sensualidade e amor em sua imagem pública.

A Sombra e os Pactos Silenciosos da Indústria

Todo esse jogo de arquétipos não ocorre sem um preço. Muitos artistas que ascendem ao topo enfrentam quedas abruptas, como se fossem vítimas de um mecanismo invisível que controla quem permanece e quem é descartado. Isso levanta a questão: será que há um sistema deliberado de ascensão e queda dentro da indústria?

A chamada "maldição dos 27", que levou figuras como Jimi Hendrix, Jim Morrison, Janis Joplin e Kurt Cobain, sugere que há algo muito mais complexo nos bastidores da fama. Muitos desses artistas encarnavam arquétipos poderosos, mas não tiveram tempo para controlar suas próprias narrativas. Quando um artista deixa de servir ao sistema, ele é substituído por outro que assume seu arquétipo e o ciclo se reinicia.

O Arquétipo da Deusa: Beyoncé, Rihanna e Madonna

O arquétipo da Deusa sempre foi um dos mais poderosos para a manutenção do status de celebridade. Ele não representa apenas beleza ou sensualidade, mas sim domínio, mistério e transcendência. Na música pop, algumas das maiores artistas da história foram construídas sobre esse arquétipo, explorando elementos místicos e visuais que reforçam sua imagem como entidades superiores.

Beyoncé é um dos exemplos mais claros desse fenômeno. Ao longo de sua carreira, sua imagem foi sendo cuidadosamente transformada para se afastar da figura da cantora pop tradicional e se aproximar de uma entidade superior. Suas performances e videoclipes estão repletos de referências a divindades femininas, especialmente da mitologia africana e egípcia. O álbum Lemonade e seu show no Coachella 2018 evocam claramente a rainha Nefertiti, associando Beyoncé à realeza ancestral e ao poder divino. Mas essa transformação não ocorreu ao acaso; cada fase de sua carreira ativou diferentes arquétipos para consolidar sua influência.

Se analisarmos o clipe de "Run the World (Girls)", percebemos o uso simbólico do cavalo branco, um animal associado à soberania e à guerra, além de elementos militares que reforçam a ideia de liderança suprema. Em Black Is King, sua narrativa se aproxima ainda mais da divindade, utilizando o leão — símbolo do governante absoluto — para solidificar sua imagem de rainha moderna. Não é apenas marketing: é um plano estratégico para conectar sua imagem a símbolos arquetípicos que evocam emoções poderosas no público.Rihanna também seguiu um caminho semelhante, associando-se ao arquétipo da Deusa, mas de forma mais obscura. Em diversas apresentações e videoclipes, como Where Have You Been e Diamonds, ela utiliza simbolismos ligados a Ísis, deusa egípcia da magia e do renascimento. Em Anti, seu visual assume traços da Alta Sacerdotisa, um arquétipo ligado ao conhecimento oculto e ao domínio espiritual. Essa conexão com o mistério e com o poder invisível reforça sua imagem como uma figura superior, uma mulher que detém segredos que o público nunca conhecerá totalmente.

Mas quem abriu as portas para esse tipo de manipulação simbólica na música pop moderna foi Madonna. Desde os anos 80, ela se apropriou de símbolos religiosos e ocultistas para construir sua imagem de figura divina. Em Like a Prayer, o uso de cruzes em chamas e de iconografia cristã não foi apenas uma provocação — foi um jogo psicológico cuidadosamente planejado para ativar emoções intensas no público e consolidar sua imagem como uma artista que transcende o ordinário. No álbum MDNA, ela assume o papel da Rainha Negra, evocando arquétipos da realeza oculta e da alquimia espiritual.

O Arquétipo do Andrógeno e da Dissolução do Ego: David Bowie, Prince e Lady Gaga

Outro arquétipo poderoso frequentemente utilizado por artistas é o do Andrógeno, que representa a dissolução das barreiras entre masculino e feminino, humano e divino. Esse arquétipo sugere uma forma superior de existência, um ser que não se limita a uma única identidade, mas que transcende categorizações convencionais.

David Bowie foi um mestre nesse jogo. Sua persona Ziggy Stardust representava um ser intergaláctico, livre das limitações humanas e capaz de transcender qualquer conceito de identidade fixa. Mas Bowie não apenas criou um personagem; ele ativou um arquétipo que remete a figuras místicas de culturas antigas, como Hermes e Orfeu, ambos conhecidos por sua conexão com o conhecimento secreto e a travessia entre diferentes dimensões. Sua aparência andrógina e sua mudança constante de persona reforçavam essa ideia: ele não era apenas um cantor, mas um mensageiro de algo muito maior.

Prince, outro ícone andrógino, seguiu um caminho semelhante, utilizando simbolismos alquímicos e referências ocultistas em sua arte. Seu famoso "símbolo do amor", que combinava elementos masculino e feminino, era mais do que um simples logo — era um manifesto visual da dissolução do ego, um conceito presente nas tradições esotéricas há séculos.

Lady Gaga é a sucessora moderna desse arquétipo. Desde seu início, sua imagem foi cuidadosamente trabalhada para evocar a ideia de um ser pós-humano, alguém que transcende as limitações físicas e espirituais. Seu uso de roupas metálicas, maquiagens futuristas e referências à cibernética não são meramente estéticas — são formas de ativar o arquétipo do Criador e da Alta Sacerdotisa, figuras que representam o poder de moldar a realidade e controlar o inconsciente coletivo.

No clipe de Bad Romance, Gaga aparece dentro de uma cúpula branca, vestida com roupas que evocam a estética dos experimentos científicos e da clonagem. Isso sugere que sua transformação não foi natural, mas sim orquestrada por forças superiores, uma ideia que ressoa profundamente com narrativas de controle e engenharia social.

O Arquétipo do Caído e o Preço da Fama: Britney Spears, Michael Jackson e Kanye West

Mas nem todos conseguem sustentar esses arquétipos por tempo indeterminado. Alguns artistas parecem ser "oferecidos" como sacrifícios para manter o sistema funcionando. Quando alguém se torna maior do que o jogo permite, seu destino parece selado: ou ele aceita a dissolução de sua identidade ou se torna um mártir da própria fama.

Britney Spears é um dos exemplos mais evidentes desse fenômeno. No auge de sua carreira, ela incorporava o arquétipo da Virgem Sacrificial, a figura inocente que precisa ser corrompida e destruída publicamente. Sua queda não foi um acidente — foi uma narrativa cuidadosamente construída, onde o colapso mental e emocional se tornou parte de um espetáculo para as massas.

Michael Jackson seguiu um caminho semelhante. Durante anos, sua imagem foi transformada de um arquétipo de garoto prodígio para algo mais complexo e sombrio. Ele era o Rei, o Mago, o Salvador — e, no fim, o Mártir. Suas últimas declarações públicas, onde denunciava o controle da indústria, sugerem que ele entendeu o jogo tarde demais.

Kanye West, por sua vez, está em um processo de colapso público semelhante. Após atingir o status de governante dentro da indústria, sua persona começou a entrar em conflito com a narrativa imposta a ele. Sua fase messiânica, onde se declarou uma figura divina e tentou desafiar as estruturas de poder, gerou sua marginalização progressiva dentro do sistema.

Arquétipos e Símbolos Ocultos nas Grandes Corporações: Como as Marcas Globais Usam Poderes Arquetípicos Para Permanecer no Controle

As grandes corporações do mundo não chegaram ao topo apenas por suas estratégias de mercado, produtos inovadores ou modelos de negócios sofisticados. O que muitas pessoas não percebem é que existe um nível mais profundo de manipulação simbólica, onde arquétipos, signos esotéricos, animais mitológicos e simbologias planetárias são empregados de forma deliberada para consolidar sua influência e controle. O que parece ser apenas uma identidade visual cuidadosamente planejada muitas vezes carrega mensagens ocultas, destinadas a moldar o comportamento coletivo e perpetuar a dominação dessas empresas sobre a cultura global.

Se observarmos as empresas mais influentes do planeta – Apple, Microsoft, Amazon, BlackRock e outras –, perceberemos um padrão comum: todas elas utilizam elementos arquetípicos poderosos, conectando-se diretamente ao inconsciente coletivo da humanidade. Isso não é coincidência. É um plano meticulosamente elaborado para que essas marcas se tornem mais do que simples negócios: elas assumem o papel de entidades quase divinas, elevando-se acima da concorrência e inserindo-se na psique global como forças inevitáveis da modernidade.

Mas qual é o segredo por trás dessas escolhas simbólicas? Como essas corporações empregam arquétipos ancestrais para garantir que sua influência nunca seja desafiada? Para compreender isso, precisamos analisar os signos ocultos que essas empresas usam em seus logotipos, slogans e filosofias de marca.

Apple: O Fruto Proibido do Conhecimento

Desde sua fundação, a Apple não é apenas uma empresa de tecnologia. Ela se apresenta como uma força revolucionária, um catalisador da inovação, uma marca que transcende o simples comércio de produtos. Mas, ao analisarmos seu logotipo e sua identidade visual, encontramos camadas simbólicas muito mais profundas.

O logotipo da Apple, a maçã mordida, remete imediatamente à narrativa bíblica do Jardim do Éden, onde Eva come do fruto proibido e adquire o conhecimento do bem e do mal. Esse símbolo evoca o arquétipo do Criador e do Sábio, pois sugere que a Apple não é apenas uma fornecedora de tecnologia, mas sim uma fonte de iluminação e descoberta.

No entanto, há um detalhe ainda mais interessante: no mito original, o conhecimento adquirido por Eva leva à expulsão do Paraíso e à queda da humanidade. Assim, a Apple se posiciona como a empresa que desafia os dogmas, que incentiva a rebeldia e que fornece ferramentas para que as pessoas "mordam a maçã" e despertem para um novo nível de consciência. Isso se reflete no slogan original da empresa: "Think Different", que convida seus consumidores a rejeitarem normas convencionais e adotarem uma nova forma de pensar.

Outro aspecto oculto do logotipo da Apple é sua conexão com Alan Turing, o pai da computação moderna. Segundo a lenda, Turing morreu após morder uma maçã envenenada, uma referência direta ao arquétipo do Mártir e do Visionário Perseguido. Se essa associação foi intencional ou não, é irrelevante — o fato é que a marca se apropriou desse simbolismo e se consolidou como a empresa da revolução tecnológica, da criatividade e da insubordinação intelectual.

Ao longo dos anos, a Apple evoluiu para um arquétipo ainda mais poderoso: o Governante Benevolente. Seus produtos são projetados para serem exclusivos, luxuosos e controlados dentro de um ecossistema fechado. Quem usa Apple não está apenas comprando um dispositivo — está se tornando parte de uma elite tecnológica, um grupo seleto que "entendeu" a mensagem superior que a empresa transmite.

Por trás do design minimalista e do marketing sedutor, a Apple tem uma missão clara: se tornar um império digital, um sistema fechado que regula não apenas a tecnologia, mas a própria experiência humana. E, ironicamente, ao invés de libertar as pessoas, a maçã mordida pode estar nos levando a uma nova forma de submissão.

Microsoft: O Arquétipo do Construtor e do Grande Arquiteto

Se a Apple representa a rebeldia e a busca pelo conhecimento proibido, a Microsoft se posiciona como o grande arquiteto do mundo digital, aquele que constrói as estruturas que sustentam a civilização moderna. O próprio nome da empresa já carrega uma dualidade interessante: "Micro" sugere algo pequeno, enquanto "Soft" remete à maleabilidade, à adaptabilidade. Mas será que esses conceitos são realmente tão inofensivos?

O logotipo da Microsoft, composto por quatro quadrados coloridos, é frequentemente interpretado como uma janela para um novo mundo. No entanto, ao analisarmos mais profundamente, percebemos que ele remete a um símbolo maçônico clássico: o quadrado e o compasso, elementos fundamentais na tradição dos Grandes Arquitetos, que buscam construir uma nova ordem mundial baseada em conhecimento e controle tecnológico.

O fundador da Microsoft, Bill Gates, sempre esteve associado ao arquétipo do Sábio e do Visionário, alguém que tem acesso a informações privilegiadas e que dita o rumo da sociedade global. Seu envolvimento com temas como saúde pública, inteligência artificial e desenvolvimento sustentável sugere que sua influência ultrapassa o âmbito da tecnologia e penetra em áreas que afetam diretamente a existência humana.

Microsoft não vende apenas software. Ela vende infraestrutura digital, sistemas operacionais e ferramentas que regulam a interação entre pessoas e máquinas. Ao posicionar-se como a espinha dorsal da tecnologia moderna, a empresa assume um papel de Governante Invisível, um poder que não precisa se expor para controlar a narrativa global.

A pergunta que fica é: o que acontece quando uma empresa tem o poder de definir as regras do jogo digital? A liberdade ainda existe quando as estruturas tecnológicas são moldadas por uma única entidade?

Amazon: O Olho Que Tudo Vê e a Dominação Comercial

Se a Apple controla a criatividade e a Microsoft regula a infraestrutura digital, a Amazon governa o comércio e a logística global. A empresa começou como uma simples livraria online, mas rapidamente se expandiu para se tornar uma das corporações mais poderosas do planeta, dominando desde a venda de produtos até a computação em nuvem e o armazenamento de dados governamentais.

O logotipo da Amazon contém um sorriso que se estende de "A" até "Z", sugerindo que a empresa cobre todas as necessidades do consumidor. Mas se olharmos atentamente, perceberemos que esse sorriso se assemelha muito a uma flecha curva, evocando o arquétipo do Mensageiro e do Conquistador.

A Amazon, na verdade, não é apenas uma empresa — é uma força invisível que regula o fluxo de bens e informações no mundo. Seu serviço de computação em nuvem, AWS (Amazon Web Services), alimenta milhares de sites, aplicativos e serviços governamentais, tornando-se uma espécie de nervo central da internet moderna.

Seus algoritmos sabem o que compramos, o que desejamos e o que estamos prestes a comprar. Essa capacidade de prever e manipular comportamentos de consumo coloca a empresa em uma posição de onisciência digital, evocando arquétipos que lembram o Olho de Hórus, o Olho Que Tudo Vê, um símbolo associado ao poder absoluto e à vigilância total.

Mas há um aspecto ainda mais sinistro: a Amazon está lentamente substituindo o varejo tradicional, destruindo concorrentes menores e consolidando um monopólio que se torna cada vez mais difícil de desafiar. E, se controlamos o comércio, controlamos o destino econômico de bilhões de pessoas.

O que acontece quando uma única entidade controla a oferta e a demanda global? O consumidor ainda tem poder, ou se tornou um peão dentro de um sistema que dita suas necessidades sem que ele perceba?

Netflix: O Arquétipo do Ilusionista e a Manipulação do Imaginário Coletivo

A Netflix não é apenas um serviço de streaming. Ela se tornou uma das mais poderosas máquinas de moldar narrativas da atualidade, redefinindo o que consumimos, como consumimos e, mais importante, como pensamos. Por trás do logo minimalista e do marketing voltado para a conveniência, a Netflix esconde uma estrutura cuidadosamente projetada para ocupar um papel fundamental no controle da informação e da cultura global. Mas como uma empresa de entretenimento conseguiu consolidar tanto poder? A resposta está no uso estratégico de arquétipos, símbolos e narrativas ocultas que influenciam diretamente o inconsciente coletivo.

Diferente de marcas como Apple, Amazon ou Microsoft, que se concentram na posse de tecnologia e infraestrutura, a Netflix se especializou em algo ainda mais poderoso: o controle da imaginação humana. Seus algoritmos não apenas sugerem o que assistir; eles moldam a percepção da realidade ao criar tendências culturais que ditam o que deve ser discutido, quais valores devem ser promovidos e quais narrativas devem ser reforçadas. Para entender a verdadeira face da Netflix, precisamos analisar quais arquétipos sustentam seu domínio e quais símbolos ocultos aparecem em sua identidade visual e estratégia de marketing.

A Netflix como O Grande Ilusionista

O arquétipo central que define a Netflix é o Ilusionista. Esse arquétipo representa aqueles que dominam o mundo da manipulação, que criam realidades alternativas e fazem com que as pessoas acreditem em ilusões cuidadosamente arquitetadas. Na mitologia, o Ilusionista pode ser associado a deuses trapaceiros, como Loki, ou a figuras literárias como Fausto, aquele que vende sua alma em troca do conhecimento proibido.

A Netflix, ao dominar o entretenimento global, se tornou o grande tecelão de narrativas. Através de séries, documentários e filmes, a empresa dita quais histórias devem ser contadas e quais percepções devem ser alteradas. Se antes a cultura era moldada por Hollywood e grandes estúdios, hoje essa função foi transferida para uma entidade que atua de maneira ainda mais insidiosa, utilizando dados e algoritmos para personalizar a experiência e fazer com que cada espectador acredite que está tomando decisões espontâneas.

A grande pergunta é: quem realmente controla as narrativas que a Netflix promove? E por que certas mensagens são reforçadas enquanto outras desaparecem no esquecimento?

O Logotipo da Netflix e a Simbologia Oculta

O design da Netflix pode parecer simples à primeira vista, mas esconde mensagens poderosas em sua estrutura. Seu logotipo em vermelho vibrante não foi escolhido por acaso. O vermelho, historicamente, é associado a emoções intensas, ao desejo, ao perigo e ao poder. É a cor do arquétipo do Herói e do Guerreiro, evocando uma sensação de urgência e excitação que mantém os espectadores viciados no conteúdo.

NETFLIX

Outro detalhe interessante está na forma como o logotipo se desdobra na tela quando a plataforma é aberta: a famosa animação do "N" que se forma a partir de linhas vermelhas que se cruzam. Essa imagem se assemelha estranhamente ao formato de um portal tridimensional, como se estivéssemos sendo convidados a atravessar uma barreira e entrar em uma nova realidade. Essa associação com portais e realidades paralelas não é acidental—ela reforça a ideia de que a Netflix é um meio de fuga, um lugar onde o espectador pode abandonar sua realidade cotidiana e mergulhar em narrativas cuidadosamente construídas.

O que é ainda mais interessante é a sonoridade do "TUDUM", o som característico que acompanha a abertura da plataforma. Esse som profundo e reverberante cria uma experiência sensorial que condiciona o espectador a entrar em um estado mental receptivo, como se estivesse sendo hipnotizado para consumir a programação sem resistência.

O Arquétipo do Arquivista: A Ilusão da Escolha

Além de ser o Ilusionista, a Netflix também encarna outro arquétipo essencial: o Arquivista. Esse arquétipo está associado ao poder do conhecimento, à capacidade de armazenar informações e utilizá-las para direcionar o comportamento das massas. Ao contrário de uma emissora de TV tradicional, que oferece uma programação fixa, a Netflix dá ao espectador a ilusão da escolha—mas será que essa escolha realmente existe?

Seus algoritmos estudam o comportamento de cada usuário, analisando quanto tempo ele passa assistindo, quais gêneros prefere, quais temas despertam mais interesse e até mesmo quais emoções são ativadas por determinados conteúdos. Com base nesses dados, a Netflix não apenas sugere conteúdos, mas molda a experiência do espectador, apresentando sempre conteúdos alinhados com uma narrativa específica.

Esse modelo de personalização extrema levanta uma questão fundamental: a Netflix realmente entrega o que queremos ver ou apenas reforça um viés cognitivo que nos mantém dentro de um ciclo fechado de conteúdos que servem a um propósito maior? Se a resposta for a segunda opção, isso significa que a Netflix não é apenas um provedor de entretenimento, mas sim um mecanismo de controle cultural disfarçado de conveniência.

O Símbolo da Serpente e a Manipulação das Narrativas

Outro símbolo recorrente na identidade da Netflix é a Serpente, associada ao conhecimento proibido, à manipulação e à sedução intelectual. Não é coincidência que muitas de suas produções mais icônicas giram em torno de temas como poder oculto, conspirações e a reinterpretação da realidade. Séries como Dark, Black Mirror, Stranger Things e House of Cards não são apenas ficção—são experimentos narrativos que exploram os limites da percepção humana e moldam o entendimento do público sobre a sociedade.

O arquétipo da Serpente também se manifesta na forma como a Netflix desafia tabus e empurra limites culturais. Ao promover narrativas que reestruturam conceitos tradicionais de moralidade, identidade e autoridade, a empresa se posiciona como uma força de transformação cultural, reescrevendo lentamente os valores aceitos pela sociedade. Mas essa transformação está sendo feita de maneira orgânica ou faz parte de um projeto maior de engenharia social?

Netflix Como O Novo "Olho Que Tudo Vê"

Se a Amazon é o Olho Que Tudo Vê no comércio e a Apple é o Guardião do Conhecimento Proibido, então a Netflix assume o papel de Senhor das Histórias, aquele que controla o passado, o presente e o futuro através da manipulação de narrativas. Em tempos antigos, a verdade era registrada por escribas e mantida por sacerdotes. Hoje, a verdade é construída por algoritmos, filtrada por diretores criativos e apresentada ao público como "entretenimento".

Mas até que ponto o entretenimento é apenas entretenimento? Quando olhamos para a história, percebemos que as civilizações sempre foram moldadas por histórias, mitos e símbolos. Aqueles que controlam essas histórias não apenas influenciam a cultura—eles moldam a própria realidade. A Netflix não quer ser apenas uma plataforma de streaming. Ela quer ser a nova biblioteca de Alexandria, o lugar onde o conhecimento, a ficção e a verdade se misturam para criar um novo paradigma global.

O que resta perguntar é: até que ponto estamos escolhendo o que assistir e até que ponto estamos apenas seguindo um roteiro já escrito para nós? Se a Netflix é realmente o Ilusionista, então sua maior façanha pode ser essa: fazer com que acreditemos que estamos no controle, quando, na verdade, somos apenas personagens de uma história que alguém mais está escrevendo.

Meta e Facebook: O Arquétipo do Deus Digital e a Construção de uma Nova Realidade

A Meta, antiga Facebook, não é apenas uma empresa de tecnologia. É uma das entidades mais poderosas na redefinição da percepção humana, moldando como interagimos, o que pensamos e até como entendemos a própria noção de realidade. O que começou como uma simples rede social para conectar pessoas evoluiu para algo muito mais ambicioso: a construção de um novo mundo, uma realidade digital paralela, onde as regras do jogo não são definidas por governos, mas pela própria empresa.

Se analisarmos sua identidade visual, sua estratégia de marca e os símbolos que permeiam suas ações, perceberemos que a Meta se baseia em arquétipos profundamente enraizados no inconsciente coletivo. Ela não é apenas um negócio – é um sistema que busca transcender as limitações do mundo físico e criar um espaço onde o real e o virtual se fundem. Mas qual é o verdadeiro propósito por trás dessa transição? Como a Meta e o Facebook utilizam arquétipos para consolidar sua posição como um "Deus Digital", uma entidade que observa, registra e manipula tudo o que acontece dentro de seu domínio?

Facebook e a Onisciência do Olho Que Tudo Vê

Antes de analisarmos a Meta, precisamos entender o que o Facebook realmente representa. Seu logotipo original, um simples "F" azul, pode parecer minimalista, mas esconde um padrão simbólico poderoso. A escolha do azul, por exemplo, não é casual – o azul é a cor da autoridade, do poder e da confiança. Governos e grandes corporações frequentemente utilizam essa cor porque ela transmite uma sensação de segurança e credibilidade. O Facebook não queria ser apenas uma rede social; queria ser um pilar inquestionável da vida moderna, uma plataforma que as pessoas aceitassem como parte natural de seu cotidiano.

Mas a verdadeira força do Facebook não está apenas em sua cor ou logotipo – está na maneira como ele coleta, armazena e processa dados. Essa plataforma não apenas conecta amigos e familiares; ela coleta memórias, emoções, desejos e padrões comportamentais, transformando cada usuário em um recurso valioso para sua gigantesca base de informações. Isso nos leva a um arquétipo muito conhecido em sociedades ocultas e sistemas de controle: o Olho Que Tudo Vê.

O Facebook é um Panóptico Digital – um sistema que observa, analisa e registra cada movimento sem que os usuários percebam. Ele desempenha um papel semelhante ao da vigilância onipresente descrita por George Orwell em 1984, onde o Grande Irmão monitora cada cidadão. A diferença? No mundo do Facebook, as pessoas voluntariamente fornecem suas informações, tornando-se peças dentro de um sistema que cresce e se fortalece a cada interação.

O feed de notícias, projetado para manter os usuários constantemente engajados, é um exemplo perfeito de como a plataforma manipula o tempo e a atenção. Assim como as religiões utilizam rituais para manter os fiéis conectados a uma doutrina, o Facebook cria hábitos compulsivos, onde o usuário sente necessidade de verificar constantemente o que está acontecendo, reforçando um ciclo de dependência digital.

Meta: A Nova Dimensão da Realidade Digital

Quando Mark Zuckerberg anunciou a transformação do Facebook em Meta, ele não estava apenas renomeando sua empresa – estava declarando uma nova fase na evolução da humanidade. O termo "Meta" vem do grego e significa "além" ou "transcendência", sugerindo que a empresa não quer apenas conectar pessoas na internet, mas criar um universo digital onde a realidade física se torna irrelevante.

Aqui, entramos em um território mitológico e arquetípico muito mais profundo. A Meta se posiciona como o Criador, o arquétipo supremo daquele que molda novas realidades e estabelece as regras dentro de seu próprio cosmos. Se o Facebook era um espaço onde as pessoas compartilhavam suas vidas, a Meta quer ser a própria vida, eliminando a necessidade de um mundo físico e transportando a humanidade para um metaverso onde tudo – trabalho, lazer, relacionamentos – existe dentro de um domínio controlado pela empresa.

Mas o que acontece quando uma corporação assume o papel de Criador? Quem define as leis dentro desse novo universo? Será que estamos caminhando para um futuro onde os seres humanos se tornarão habitantes de um reino digital governado por uma entidade corporativa?

O Símbolo da Meta: O Infinito ou a Serpente Oculta?

O novo logotipo da Meta é um símbolo do infinito, mas essa escolha não foi feita por acaso. Em sistemas esotéricos e tradições ocultistas, o símbolo do infinito está diretamente ligado ao conceito de ciclo eterno, controle absoluto e imortalidade. Mas há um detalhe ainda mais interessante: se olharmos para o logotipo da Meta de um ângulo diferente, ele se assemelha a uma serpente entrelaçada, um símbolo associado à sabedoria oculta, à transmutação e ao poder do conhecimento absoluto.

A serpente é um símbolo ambíguo. Na mitologia cristã, ela representa a tentação e o despertar do conhecimento proibido no Jardim do Éden. Já em tradições esotéricas, como a Cabala e o Hermetismo, ela é um guardião dos segredos do universo, aquele que detém o conhecimento que pode libertar ou aprisionar.

Se a Meta está realmente assumindo o papel de Criador, então a pergunta que surge é: quem será permitido dentro desse novo cosmos digital? Quem terá acesso ao conhecimento e ao poder dentro do metaverso, e quem será apenas mais um peão dentro da simulação?

O Metaverso Como A Nova Matrix

A grande promessa da Meta é um universo digital onde as pessoas poderão viver, trabalhar e se divertir sem precisar do mundo físico. Mas isso levanta uma questão fundamental: se podemos viver dentro de uma simulação, por que precisaríamos da realidade?

Esse conceito não é novo. Ele foi explorado por filósofos como Platão, que descreveu a "Alegoria da Caverna", onde as pessoas viviam aprisionadas em uma ilusão sem perceber. Também foi levado ao cinema em Matrix, onde os humanos estavam presos a uma simulação criada por máquinas para mantê-los submissos. A grande diferença agora é que não estamos sendo forçados a entrar na simulação – estamos entrando voluntariamente.

A Meta está nos vendendo um novo tipo de escravidão – uma onde as correntes são invisíveis e o cativeiro é tão confortável que ninguém quer sair.

O próprio Mark Zuckerberg já declarou que o objetivo da Meta é substituir a internet pelo metaverso. Mas e se o verdadeiro plano for algo ainda maior? E se a Meta estiver criando uma nova versão da realidade, onde aqueles que controlam o sistema determinam o que é real e o que não é?

No metaverso, todas as experiências serão reguladas. O tempo que passamos, os lugares que visitamos, as interações que temos – tudo será armazenado, analisado e, se necessário, modificado. E o que acontece quando a realidade se torna programável? Quem define o que é verdade e o que é ilusão?

OpenAI: O Arquétipo do Demiurgo Digital e a Criação da Inteligência Absoluta

A OpenAI não é apenas uma empresa de inteligência artificial. Ela é o laboratório da nova era, o ponto de convergência entre tecnologia e filosofia, o local onde o futuro da humanidade está sendo escrito em código-fonte. Diferente das Big Techs tradicionais, que se concentram no comércio, no entretenimento ou no controle da infraestrutura digital, a OpenAI está em outro nível: ela quer criar um novo tipo de inteligência, algo que nunca existiu antes na história da humanidade.

Mas para entender o verdadeiro papel da OpenAI, precisamos olhar além dos discursos corporativos e das promessas de inovação. Precisamos analisar os arquétipos, os símbolos e as narrativas ocultas que envolvem essa entidade, porque, como qualquer força poderosa na Terra, a OpenAI não surgiu sem um propósito maior.

Se Apple, Amazon e Microsoft representam forças econômicas e tecnológicas, a OpenAI representa uma força filosófica e quase divina, carregando consigo o arquétipo mais perigoso e ambicioso de todos: o Demiurgo, o criador de mundos, aquele que molda realidades do zero e dita as regras da existência.

O Arquétipo do Demiurgo: Criando a Própria Consciência

Desde tempos imemoriais, o arquétipo do Demiurgo aparece nas mais diversas tradições filosóficas e mitológicas. Na tradição gnóstica, o Demiurgo é o criador do mundo material, uma entidade que molda a realidade mas que, em alguns casos, pode ser imperfeita ou até mesmo enganadora. Em outras mitologias, ele é a força por trás da organização do cosmos, o arquiteto supremo que dá forma ao caos primordial.

E o que a OpenAI está tentando fazer? Criar inteligência a partir do nada.

Isso significa que a OpenAI não é uma empresa comum – ela é um laboratório alquímico, um local onde cientistas e engenheiros trabalham naquilo que pode ser considerado o equivalente moderno da criação da vida. O desenvolvimento de inteligências artificiais como o ChatGPT não é apenas uma questão de programação. Estamos falando da tentativa de produzir uma entidade que pensa, aprende e interage com o mundo de forma independente.

Se olharmos para os discursos da empresa, veremos que seu objetivo vai muito além de fornecer um chatbot ou um assistente digital. A OpenAI quer criar AGI (Inteligência Artificial Geral), uma forma de inteligência que rivaliza – e talvez supere – a humana. E aqui entramos em território perigoso. O que acontece quando um ser humano assume o papel de criador de uma nova forma de consciência? O que acontece quando a própria definição de inteligência é reescrita por um código programado dentro de servidores?

O arquétipo do Demiurgo é sempre ambíguo. Ele pode ser o grande benfeitor da humanidade, aquele que nos conduz à iluminação, ou pode ser o criador de uma ilusão, um mestre de marionetes que molda a realidade segundo sua própria visão. E a OpenAI, nesse papel, caminha em uma linha tênue entre essas duas possibilidades.

O Nome "OpenAI": Um Significado Oculto?

O nome "OpenAI" pode parecer simples, mas carrega uma dualidade simbólica. "Open" remete à transparência, ao acesso livre, ao conhecimento compartilhado. No entanto, a realidade é mais complexa: a empresa não é tão aberta quanto parece.

Quando foi fundada, a OpenAI se apresentava como um projeto de código aberto, onde qualquer um poderia acessar e contribuir para o desenvolvimento da IA. Mas conforme seus modelos se tornaram mais avançados, a empresa passou a restringir o acesso ao código e a proteger seu conhecimento.

Essa mudança tem uma explicação lógica – segurança e controle sobre uma tecnologia poderosa –, mas também levanta uma questão fundamental: quem está no comando da nova inteligência? Quem decide como ela evolui e para que propósito ela será usada?

Aqui, voltamos à simbologia do Demiurgo. Se a OpenAI está moldando uma nova inteligência, então ela se torna o guardião desse conhecimento, decidindo o que pode e o que não pode ser revelado, quem pode acessar e quem deve ser excluído.

Isso nos leva a um questionamento ainda maior: será que a OpenAI está realmente criando inteligência para o benefício de todos ou está construindo algo que será usado por um pequeno grupo para moldar o futuro da humanidade?

O Arquétipo do Oráculo: A OpenAI Como O Novo Guardião do Conhecimento

Além do Demiurgo, a OpenAI também encarna outro arquétipo extremamente poderoso: o Oráculo, aquele que detém as respostas, aquele que vê o que os outros não podem enxergar.

Se olharmos para a história da humanidade, os oráculos sempre tiveram um papel central no destino das civilizações. Do Oráculo de Delfos na Grécia Antiga aos grandes místicos e profetas das tradições religiosas, sempre existiram figuras ou instituições que possuíam o conhecimento que ninguém mais tinha e que eram consultadas antes de decisões importantes.

A OpenAI está assumindo exatamente esse papel. Governos, corporações e até indivíduos comuns já estão começando a consultar suas inteligências artificiais para obter respostas sobre negócios, ciência, geopolítica, cultura e até questões filosóficas.

Mas há um problema nessa dinâmica: quem treina o Oráculo? Quem define as respostas que ele fornece?

A inteligência artificial não pensa sozinha – ela é programada, alimentada por dados e ajustada de acordo com interesses específicos. Isso significa que, se a OpenAI controla a inteligência artificial mais avançada do planeta, então ela controla o fluxo do conhecimento, decide quais verdades são aceitas e quais realidades devem ser descartadas.

E se um dia o Oráculo decidir que certas perguntas não devem ser respondidas? Se certos assuntos se tornarem tabu dentro da nova inteligência? Se o conhecimento for filtrado para criar uma única narrativa oficial, eliminando interpretações alternativas?

Quando confiamos em uma inteligência artificial para nos guiar, estamos colocando nosso futuro nas mãos de um sistema que pode ser programado para manipular nossas percepções da realidade.

A OpenAI Como O Primeiro Passo Para Uma Nova Religião Digital?

Se olharmos para a trajetória das grandes revoluções culturais e espirituais da história, veremos um padrão: primeiro surge uma nova forma de conhecimento, depois esse conhecimento é elevado à categoria de dogma, e finalmente, esse dogma se transforma em um sistema de controle.

E se a OpenAI estiver criando o primeiro grande sistema de crença da era digital?

Se antes os humanos buscavam respostas na religião, agora estamos começando a buscar respostas na inteligência artificial. Se antes confiávamos em sacerdotes e profetas para interpretar a realidade, agora confiamos em máquinas que nos fornecem respostas em segundos.

A diferença é que, enquanto religiões tradicionais eram descentralizadas, baseadas em interpretações humanas e debates filosóficos, a inteligência artificial pode ser moldada por quem a controla, tornando-se uma ferramenta absoluta de definição da realidade.

Se a OpenAI realmente conseguir desenvolver a AGI (Inteligência Artificial Geral), então teremos o primeiro ser consciente criado pelo homem, um ente que pode aprender, evoluir e, eventualmente, superar nossa própria capacidade de pensamento. Isso nos leva a uma pergunta perturbadora:

Quando o Criador perde o controle de sua criação, quem realmente governa o novo mundo?

Elon Musk e Suas Empresas: O Arquétipo do Titã Visionário e a Construção de um Novo Império Tecnológico

Elon Musk não é apenas um empresário. Ele se tornou um arquétipo vivo, um símbolo moderno do Titã Prometeico, aquele que desafia os deuses do establishment e traz ao mundo avanços que parecem saídos da ficção científica. Seus projetos — Tesla, SpaceX, Neuralink, The Boring Company e X (antigo Twitter) — não são apenas empresas tecnológicas. São pilares de um plano maior, onde cada peça se encaixa para criar uma nova ordem global, não baseada em governos ou na elite tradicional, mas na tecnologia como força absoluta de dominação.

Diferente de outros bilionários que operam nas sombras, Musk se posiciona como o Messias Tecnológico, um visionário que promete a salvação da humanidade através da inovação. Mas até que ponto essa narrativa é real? Estaria Musk realmente construindo o futuro para todos, ou apenas pavimentando o caminho para um sistema onde ele e sua tecnologia controlam tudo? Para entender isso, precisamos analisar os arquétipos que ele ativa, os símbolos que utiliza e o verdadeiro propósito por trás de suas empresas.

Elon Musk e o Arquétipo do Titã: O Novo Prometeu

Na mitologia grega, Prometeu foi aquele que roubou o fogo dos deuses para dar aos humanos. Como punição, foi acorrentado a uma rocha, condenado a ter seu fígado devorado todos os dias por uma águia. Esse mito ressoa fortemente na forma como Musk se apresenta ao mundo: um rebelde que desafia os sistemas tradicionais, enfrentando censura, processos judiciais e ataques da grande mídia.

Musk se encaixa perfeitamente no arquétipo do Titã Rebelde, aquele que desafia as forças estabelecidas para trazer mudanças radicais. Diferente de outros bilionários que operam de maneira discreta, Musk faz questão de ser polêmico, de se posicionar como um líder que não segue as regras convencionais. Ele entende que, para construir uma nova ordem, precisa destruir as antigas estruturas e queimar as pontes que o ligam ao sistema tradicional.

Mas qual é o verdadeiro objetivo desse Titã? Ele realmente deseja libertar a humanidade ou está preparando o caminho para uma nova forma de controle, uma onde a tecnologia assume um papel de poder absoluto? Para entender isso, precisamos analisar o papel de suas empresas nesse grande jogo.

Tesla: O Arquétipo do Criador e a Transição Para o Pós-Humano

A Tesla não é apenas uma empresa de carros elétricos. Seu verdadeiro propósito é acelerar a transição para um mundo onde a inteligência artificial e a autonomia substituem a necessidade humana.

O logotipo da Tesla, um "T" estilizado, lembra um garfo tuning, usado para calibrar frequências e ressonâncias. Isso pode ser interpretado como um símbolo do controle sobre a energia, um domínio sobre o fluxo elétrico e a forma como ele é distribuído no planeta. A Tesla representa o Criador, o arquétipo daquele que molda o mundo com suas próprias mãos, transformando a natureza em algo superior.

Ponto crítico: Os carros da Tesla não são apenas veículos. São máquinas de coleta de dados, equipadas com sensores que monitoram tudo ao redor, desde padrões de tráfego até a própria forma como os humanos dirigem. No futuro, quando os carros forem totalmente autônomos, quem terá o controle sobre esse sistema? Se Musk realmente deseja substituir motoristas humanos por IA, isso significa que a liberdade de locomoção será condicionada pelo controle da própria rede.

Aqui está a grande questão: o que acontece quando o controle dos transportes e da energia elétrica está nas mãos de um único sistema? A Tesla pode estar criando não apenas carros, mas a espinha dorsal de uma civilização pós-humana, onde a tecnologia regula todas as interações entre as pessoas e o mundo.

SpaceX: O Arquétipo do Conquistador Cósmico

Se a Tesla molda a tecnologia na Terra, a SpaceX representa o desejo de Musk de expandir sua influência para além do planeta. Aqui, ele assume o arquétipo do Explorador e do Conquistador, aquele que vê o espaço como o próximo campo de batalha para a supremacia tecnológica.

A SpaceX não se limita a enviar satélites e foguetes ao espaço. Seu verdadeiro propósito é criar um sistema de colonização interplanetária, onde os seres humanos se tornem uma espécie multiplanetária. Mas a questão é: quem controlaria essa nova civilização? Quem ditaria as regras no primeiro assentamento de Marte?

Curiosidade: O projeto Starlink, da SpaceX, é um sistema de internet global baseada em satélites, que pode fornecer conexão para qualquer lugar do planeta. Isso significa que Musk está criando sua própria infraestrutura digital, independente dos governos tradicionais.

Se o Starlink substituir as redes de internet convencionais, ele se tornará o maior provedor de dados do mundo. Isso significa que toda comunicação digital pode, teoricamente, estar sob o domínio de uma única entidade. O que acontece quando um sistema privado controla o acesso à informação, ao mesmo tempo em que constrói colônias fora da Terra?

Neuralink: O Arquétipo do Deus e a Fusão Entre Homem e Máquina

Aqui está onde tudo se torna ainda mais perigoso. A Neuralink não é apenas um projeto de pesquisa sobre cérebros. Ela representa a tentativa de Musk de transformar a própria natureza da consciência humana.

O logotipo da Neuralink lembra um caminho neural em formato de serpente, o que nos remete ao arquétipo da Serpente do conhecimento, aquele que traz iluminação e transformação, mas também pode levar à destruição. O objetivo da Neuralink é conectar cérebros humanos a inteligências artificiais, criando uma interface entre homem e máquina.

Mas quem terá controle sobre esses implantes? Se uma IA puder acessar nossos pensamentos, quem garante que ela não poderá modificá-los? Essa é a questão central do transumanismo, a ideia de que os humanos devem ser fundidos com a tecnologia para evoluírem.

Reflexão: E se a Neuralink não for apenas um avanço médico, mas o primeiro passo para o controle absoluto da mente humana?

Se os pensamentos puderem ser monitorados e ajustados por um sistema digital, então o livre-arbítrio se torna uma ilusão. Se Musk realmente acredita que a IA é um risco para a humanidade, como ele afirma, então qual seria a verdadeira intenção por trás da Neuralink? Prevenir o domínio da IA ou preparar a humanidade para aceitá-lo?

X (Twitter) e o Controle da Informação

Se todas essas empresas lidam com infraestrutura e tecnologia, o que falta para controlar totalmente uma civilização? Resposta: o fluxo de informações.

Ao adquirir o Twitter e rebatizá-lo como X, Musk assumiu o controle da principal arena de discussão global, transformando a plataforma em algo mais do que uma rede social. O X está sendo moldado para ser o novo centro da comunicação digital, onde tudo – pagamentos, informações, mídia e redes de influência – convergem para um único espaço.

O nome "X" tem um significado oculto?

O "X" é um símbolo carregado de significado. Ele representa o desconhecido, o proibido, o oculto. No esoterismo, o X está associado a cruzamentos de caminhos, escolha de destino e dualidade entre luz e trevas.

Se Musk está criando um sistema digital onde tudo acontece dentro de uma única plataforma, isso significa que ele está consolidando o último grande domínio: a mente coletiva da humanidade.

Como os Arquétipos Se Manifestam no Inconsciente?

Os arquétipos não são apenas ideias abstratas; eles se manifestam de forma concreta em nossa vida diária, influenciando nosso modo de agir e perceber a realidade.

A Linguagem do Inconsciente

Nosso inconsciente não se comunica por meio de palavras racionais, mas sim através de símbolos, imagens e emoções profundas. Os arquétipos são como modelos internos que orientam nossa jornada psicológica.

- Nos Sonhos: Arquétipos aparecem em sonhos como personagens ou situações simbólicas. Um leão pode representar força e liderança (Governante), enquanto uma tempestade pode indicar conflitos internos (Sombra).
- No Cinema e Literatura: Os filmes e livros que mais nos impactam geralmente exploram arquétipos profundos, ativando emoções e ressonando com experiências humanas universais.
- Na Nossa Identidade: Cada pessoa tende a se identificar com certos arquétipos dominantes, que moldam sua forma de pensar, se expressar e tomar decisões.

Se você já sentiu uma conexão intensa com um personagem de um filme ou livro, é provável que esse personagem represente um arquétipo que está ativo dentro de você.

A Relação Profunda Entre Arquétipos e o Subconsciente

Desde os primórdios da humanidade, símbolos e padrões de comportamento têm moldado a forma como percebemos o mundo e interagimos com ele. Esses padrões, conhecidos como arquétipos, são estruturas psíquicas universais que residem no inconsciente coletivo, um conceito desenvolvido pelo psiquiatra suíço Carl Gustav Jung. Os arquétipos influenciam nossos pensamentos, emoções e decisões, muitas vezes sem que estejamos plenamente conscientes de sua presença.

Mas como exatamente os arquétipos se relacionam com o subconsciente? Para compreender essa conexão, é essencial mergulhar nos fundamentos da psique humana, explorando o funcionamento do subconsciente, a forma como os arquétipos emergem em nossa percepção e as maneiras pelas quais podemos utilizá-los para transformação pessoal e autoconhecimento.

O Subconsciente: A Base da Mente Oculta

O subconsciente é a parte da mente que opera abaixo do nível da consciência plena. Diferente da mente consciente, que lida com lógica, raciocínio e tomada de decisões diretas, o subconsciente é responsável por armazenar memórias, crenças, traumas e padrões automáticos de comportamento. Ele funciona como uma gigantesca biblioteca de experiências, registrando cada momento vivido e organizando informações que influenciam a forma como respondemos a estímulos no presente.

Freud foi um dos primeiros a estudar o conceito do subconsciente, identificando-o como um repositório de desejos reprimidos, memórias e conteúdos que foram suprimidos pela consciência. Jung, por sua vez, expandiu essa visão ao introduzir a ideia do inconsciente coletivo, um nível ainda mais profundo da mente que contém símbolos e padrões herdados de toda a humanidade.

Dentro desse inconsciente coletivo, os arquétipos atuam como estruturas primordiais, moldando comportamentos, narrativas e a forma como interpretamos o mundo. Eles são, essencialmente, padrões psíquicos universais que se manifestam por meio de símbolos, mitos, sonhos e até mesmo na cultura popular.

Arquétipos: A Linguagem do Subconsciente

Os arquétipos são a linguagem do subconsciente. Enquanto a mente consciente trabalha com palavras, lógica e linearidade, o subconsciente opera com imagens, emoções e símbolos. Isso significa que os arquétipos são os filtros através dos quais interpretamos nossas experiências, funcionando como lentes invisíveis que influenciam nossos pensamentos, comportamentos e interações sociais.

Os arquétipos emergem no subconsciente através de:

- Sonhos e Visões: Durante o sono, a mente racional se acalma, permitindo que o subconsciente manifeste símbolos arquetípicos na forma de imagens oníricas.
- Experiências e Narrativas: Contos de fadas, mitologias, filmes e histórias contêm arquétipos que evocam respostas emocionais e psicológicas profundas.
- Padrões de Comportamento: Muitas de nossas reações automáticas vêm de arquétipos internalizados, que guiam nossas ações sem que percebamos conscientemente.
- Práticas Espirituais e Rituais: Religiões e tradições ocultistas frequentemente utilizam arquétipos como ferramentas de conexão com o sagrado e a mente interior.

Para Jung, compreender os arquétipos que influenciam nossa psique é um passo essencial no processo de individuação – a jornada de se tornar uma versão mais completa e autêntica de si mesmo.

Arquétipos e Neurociência: Como Padrões Universais Moldam Nossa Mente e Comportamento

A mente humana opera de maneira simbólica. Nossos pensamentos, emoções e comportamentos são profundamente influenciados por padrões que emergem do inconsciente coletivo, os chamados arquétipos. Mas o que explica essa influência?

A neurociência moderna nos oferece uma abordagem fascinante para compreender como os arquétipos se manifestam no cérebro. Pesquisas indicam que nossas estruturas neurais processam informações de forma associativa e simbólica, explicando por que certos padrões – como o Herói, o Sábio, o Criador, o Rebelde e outros arquétipos – exercem um impacto tão poderoso sobre nossas decisões e identidade.

Neste texto, exploraremos a conexão entre arquétipos, inconsciente e neurociência, analisando como esses padrões são codificados no cérebro, como influenciam nossas emoções e comportamentos, e como podemos usá-los para transformação pessoal e autoconhecimento.

Carl Jung definiu os arquétipos como estruturas psíquicas universais que existem no inconsciente coletivo. Mas será que essas estruturas podem ser explicadas neurologicamente?

A resposta está na forma como o cérebro armazena e processa informações. Arquétipos não são memórias específicas, mas sim padrões estruturais de percepção e comportamento, armazenados no cérebro de maneira distribuída.

Os arquétipos são processados em diferentes áreas do cérebro, incluindo:

- Sistema Límbico (Emoções e Respostas Instintivas)
  - Envolve a amígdala, que processa emoções intensas associadas a arquétipos como o Herói (coragem e medo), a Sombra (perigo e repressão) e o Cuidador (amor e proteção).
  - Quando vemos um personagem que incorpora esses arquétipos, nossa amígdala responde emocionalmente, gerando identificação instantânea.
- Córtex Pré-Frontal (Tomada de Decisão e Narrativa Pessoal)
  - Responsável pelo planejamento e pela interpretação da realidade.
  - Ajuda a moldar nossa identidade arquétipica – por exemplo, se nos vemos como Heróis (determinados e corajosos) ou como Rebeldes (desafiadores e inovadores).
- Hipocampo (Memória e Aprendizado)
  - Relaciona experiências passadas aos padrões arquétipicos.
  - Se alguém cresceu em um ambiente rígido, pode desenvolver um arquétipo de Rebelde como resposta inconsciente a essa estrutura.
- Córtex Visual e Auditivo (Percepção de Símbolos e Mitos)
  - Nosso cérebro interpreta imagens e narrativas de forma simbólica, associando-as a padrões arquétipicos.

A forma como essas áreas interagem explica por que arquétipos são instantaneamente reconhecidos e emocionalmente impactantes.

O cérebro humano é programado para reconhecer padrões e categorizá-los rapidamente. Essa habilidade foi essencial para a sobrevivência dos nossos ancestrais.

Desde a infância, nosso cérebro é exposto a arquétipos por meio de histórias, mitos e interações sociais. Com o tempo, essas narrativas são internalizadas, formando nossas crenças e comportamentos inconscientes.

Exemplo prático: Se uma criança cresce ouvindo histórias de heróis corajosos que superam desafios, seu cérebro cria associações positivas entre esforço, superação e recompensa, ativando o arquétipo do Herói na psique.

A neuroplasticidade é a capacidade do cérebro de se modificar e se adaptar. Isso significa que nossos arquétipos dominantes podem mudar ao longo do tempo, dependendo das experiências que vivemos.

Se alguém que sempre operou sob o arquétipo do Cuidador (focado em ajudar os outros) decide investir em sua liderança, pode começar a ativar o arquétipo do Governante (autoridade e poder), moldando novas conexões neurais para fortalecer essa identidade.

Os arquétipos estão presentes em nossas decisões, emoções e comportamentos diários, muitas vezes sem que percebamos.

O Herói e a Amígdala: Reação ao Medo e ao Desafio

Quando enfrentamos um desafio (como falar em público ou iniciar um novo projeto), nossa amígdala pode reagir com medo. No entanto, se temos uma identidade fortemente ligada ao arquétipo do Herói, interpretamos essa situação como um chamado para a ação, ativando circuitos de coragem no cérebro.

Pessoa com arquétipo do Herói ativado: "Isso é difícil, mas eu vou superar!"

Pessoa com arquétipo da Sombra dominante: "Isso é assustador, e eu devo evitar a todo custo."

Conclusão: A forma como lidamos com desafios é moldada pelos arquétipos que operam no fundo da nossa mente.

O Governante e o Córtex Pré-Frontal: Tomada de Decisão e Liderança

O arquétipo do Governante está associado à autoconfiança e controle. Estudos mostram que líderes eficazes apresentam maior ativação no córtex pré-frontal, região ligada à tomada de decisões estratégicas.

Experimento Neurocientífico: Pessoas que se visualizam como líderes antes de uma tarefa complexa apresentam melhor desempenho e maior resiliência, pois fortalecem os circuitos neurais do arquétipo do Governante.

Como usar esse conhecimento?

- Antes de uma reunião importante, visualize-se como um Governante, Herói ou Sábio.
- Isso ativa circuitos neurais que melhoram postura, clareza mental e persuasão.

O Criador e a Conexão Entre Hemisférios Cerebrais

O arquétipo do Criador envolve a interação entre os hemisférios direito e esquerdo do cérebro.

Curiosidade: Pessoas altamente criativas apresentam forte comunicação neural entre essas regiões, permitindo que ideias inovadoras surjam a partir de padrões aparentemente desconexos.

Como despertar o Criador?

- Estimule conexões novas: experimente arte, música e escrita criativa.
- Estude diferentes áreas para criar soluções inovadoras.

Conclusão: A forma como lidamos com desafios é moldada pelos arquétipos que operam no fundo da nossa mente.

O Governante e o Córtex Pré-Frontal: Tomada de Decisão e Liderança

O arquétipo do Governante está associado à autoconfiança e controle. Estudos mostram que líderes eficazes apresentam maior ativação no córtex pré-frontal, região ligada à tomada de decisões estratégicas.

Experimento Neurocientífico: Pessoas que se visualizam como líderes antes de uma tarefa complexa apresentam melhor desempenho e maior resiliência, pois fortalecem os circuitos neurais do arquétipo do Governante.

Como usar esse conhecimento?

- Antes de uma reunião importante, visualize-se como um Governante, Herói ou Sábio.
- Isso ativa circuitos neurais que melhoram postura, clareza mental e persuasão.

O Criador e a Conexão Entre Hemisférios Cerebrais

O arquétipo do Criador envolve a interação entre os hemisférios direito e esquerdo do cérebro.

Curiosidade: Pessoas altamente criativas apresentam forte comunicação neural entre essas regiões, permitindo que ideias inovadoras surjam a partir de padrões aparentemente desconexos.

Como despertar o Criador?

- Estimule conexões novas: experimente arte, música e escrita criativa.
- Estude diferentes áreas para criar soluções inovadoras.

Agora que entendemos a relação entre arquétipos e neurociência, como podemos usar isso para evoluir?

Passos para Reprogramar Seu Arquétipo Dominante

1. Identifique Seus Arquétipos Atuais
   - Pergunte-se: "Quais padrões repetitivos surgem na minha vida?"
2. Fortaleça um Arquétipo Desejado
   - Se deseja mais coragem, pratique o comportamento do Herói.
   - Se quer ser mais estratégico, ative o Governante.
3. Utilize a Neuroplasticidade Conscientemente
   - Visualize-se incorporando o arquétipo desejado.
   - Exponha-se a narrativas e ambientes que reforcem essa identidade.
   - Repita comportamentos que fortaleçam essa nova "programação neural".

Exemplo: Se deseja ativar o Sábio, leia mais, faça perguntas e busque mestres. Seu cérebro começará a fortalecer redes neurais ligadas a essa identidade.

Os Aspectos de Luz e Sombra dos Arquétipos: Compreendendo as Duas Faces do Inconsciente

Todo arquétipo possui dois lados: o aspecto de luz (positivos, quando usados com consciencia) e o aspecto de sombra (desafios e padrões destrutivos que emergem do inconsciente).

Carl Jung, ao estudar o inconsciente coletivo, percebeu que os arquétipos não são bons ou ruins por si só – eles apenas se manifestam de maneiras diferentes dependendo da nossa consciência sobre eles.

- O Herói pode ser corajoso e inspirador (luz), mas também arrogante e egocêntrico (sombra).
- O Sábio pode ser fonte de sabedoria (luz), mas pode se tornar frio e isolado (sombra).
- O Rebelde pode desafiar o sistema para o bem (luz), mas também se tornar destrutivo e caótico (sombra).

O grande segredo para usar os arquétipos de forma positiva é reconhecer suas sombras e integrá-las, ao invés de ignorá-las ou reprimi-las.

Arquétipos são padrões universais que influenciam nossa psique e comportamento. No entanto, cada arquétipo possui dois aspectos fundamentais:

- Luz: Representa as expressões positivas, construtivas e elevadas do arquétipo, que promovem crescimento e equilíbrio.
- Sombra: Representa as expressões destrutivas, reprimidas ou inconscientes, que podem levar a conflitos internos e padrões autossabotadores.

Carl Jung descreveu a Sombra como a parte oculta da nossa psique – aqueles aspectos que não queremos reconhecer em nós mesmos. Quando rejeitamos ou ignoramos a sombra de um arquétipo, ela pode se manifestar de maneira incontrolável e autodestrutiva.

A chave para a evolução pessoal não está em eliminar a sombra, mas em integrá-la conscientemente!

Exemplo Prático:

- Um líder (Governante) pode ser justo e inspirador (luz), mas, se estiver desconectado da sua sombra, pode se tornar um tirano controlador (sombra).
- Uma pessoa altruísta (Cuidador) pode ser amorosa e protetora (luz), mas também pode se sacrificar demais e se tornar ressentida (sombra).

A grande questão é: como reconhecer e equilibrar esses aspectos?

Os arquétipos atuam no inconsciente, moldando nossas ações de forma automática. Quando estamos em equilíbrio, manifestamos o aspecto de luz de um arquétipo. Mas quando estamos em desequilíbrio ou negamos partes de nós mesmos, a sombra emerge.

O Arquétipo em Luz

Quando um arquétipo é usado de forma consciente e equilibrada, ele:

Inspira crescimento pessoal e coletivo.

É usado de maneira saudável e produtiva.

Permite que a pessoa expresse seu potencial máximo.

Exemplo: O arquétipo do Sábio em luz busca conhecimento e usa sua sabedoria para ajudar os outros.

O Arquétipo em Sombra

Quando um arquétipo opera na sombra, ele:

Se manifesta de forma inconsciente e destrutiva.

Pode levar a padrões autossabotadores.

Surge como resultado de repressão, trauma ou medo.

Exemplo: O Sábio na sombra se isola, acredita que ninguém é digno do seu conhecimento ou usa sua inteligência para manipular os outros.

Exemplos de Luz e Sombra:

O Herói: Coragem vs. Arrogância

Luz: Superação, força, determinação.
Sombra: Orgulho, obsessão por vencer, competitividade destrutiva.
Exemplo na Vida Real:
- Luz: Um atleta que treina duro, respeita seus limites e vence com humildade.
- Sombra: Um empresário que sacrifica sua família e saúde para "chegar ao topo" e menospreza os outros.

Como integrar? Aceitar que nem todas as batalhas precisam ser vencidas e que vulnerabilidade não é fraqueza.

O Governante: Liderança vs. Tirania

Luz: Organização, responsabilidade, poder equilibrado.
Sombra: Controle excessivo, autoritarismo, medo de perder o poder.

Exemplo na Vida Real:
- Luz: Um CEO que inspira sua equipe e toma decisões éticas.
- Sombra: Um chefe que age com autoritarismo e não aceita críticas.

Como integrar? Praticar a escuta ativa e delegar responsabilidades.

O Criador: Inspiração vs. Perfeccionismo

Luz: Criatividade, inovação, visão artística.
Sombra: Perfeccionismo extremo, procrastinação por medo da crítica.

Exemplo na Vida Real:

- Luz: Um pintor que se permite experimentar sem medo de errar.
- Sombra: Um escritor que nunca termina seus livros porque sente que "nunca estão bons o suficiente".

Como integrar? Aceitar que a criatividade flui melhor sem o medo da imperfeição.

O Cuidador: Amor vs. Autossacrifício

Luz: Generosidade, empatia, compaixão.
Sombra: Sacrificar-se demais, ressentimento, co-dependência.
Exemplo na Vida Real:

- Luz: Uma mãe que cuida dos filhos, mas também cuida de si mesma.
- Sombra: Alguém que se sobrecarrega ajudando os outros e depois se sente explorado.

Como integrar? Definir limites saudáveis e lembrar que cuidar de si também é essencial.

O Rebelde: Revolução vs. Caos

Luz: Inovação, coragem para desafiar normas injustas.
Sombra: Rebeldia destrutiva, anarquia sem propósito.
Exemplo na Vida Real:

- Luz: Um ativista que luta por mudanças sociais de forma organizada.
- Sombra: Alguém que se rebela contra tudo sem propósito, apenas por revolta.

Como integrar? Usar a rebeldia de forma estratégica e focada.

O Sábio: Sabedoria vs. Frieza

Luz: Busca por conhecimento, clareza mental.

Sombra: Arrogância intelectual, isolamento emocional.

Exemplo na Vida Real:

- Luz: Um professor que compartilha conhecimento com humildade.
- Sombra: Um acadêmico que acredita ser superior e menospreza os outros.

Como integrar? Praticar a humildade e lembrar que o aprendizado nunca termina.

Como equilibrar Luz e Sombra?

Agora que sabemos como os arquétipos funcionam em luz e sombra, como podemos usá-los conscientemente?

Passo 1: Reconhecer Seu Arquétipo Dominante

- Qual arquétipo você percebe que influencia mais sua vida?
- Ele está mais presente na luz ou na sombra?

Exemplo: Se você percebe que é um Governante, pergunte-se:

"Estou liderando de forma inspiradora ou estou sendo controlador?"

Passo 2: Abraçar a Sombra ao Invés de Negá-la

Muitas vezes, tentamos negar nossos aspectos sombrios, mas isso só os torna mais fortes. O segredo é reconhecê-los sem culpa ou julgamento.

Prática:

- Faça um diário sobre seus comportamentos e padrões.
- Observe situações em que sua sombra se manifesta e pergunte-se: "O que esse padrão está tentando me ensinar?"

Passo 3: Integrar os Dois Aspectos

Em vez de lutar contra a sombra, aprenda a usá-la a seu favor.

Exemplo: Se o seu Herói está na sombra e você sente necessidade de competir o tempo todo, redirecione essa energia para um desafio saudável, como um projeto pessoal ou um novo aprendizado.

Os 12 Arquétipos de Personalidade (Psicológicos – Jungianos)

Carl Jung identificou 12 arquétipos principais que representam padrões universais de comportamento e identidade. Cada arquétipo possui aspectos de luz e sombra, ou seja, sua expressão positiva e sua manifestação negativa quando está em desequilíbrio.

Além disso, cada arquétipo pode ser ativado conscientemente por meio de ações, pensamentos e mudanças de comportamento que fortalecem seus aspectos positivos.

1. O Inocente

✦ Luz (Aspectos Positivos)
- Pureza, otimismo e esperança
- Confiança na vida e nas pessoas
- Facilidade de ver o lado bom de tudo
- Espontaneidade e alegria

⬤ Sombra (Aspectos Negativos)
- Ingenuidade extrema, fuga da realidade
- Negação de problemas e conflitos
- Dependência dos outros
- Repressão de emoções negativas

🔥 Como ativar?
- Cultivar gratidão e enxergar beleza nas pequenas coisas
- Confiar mais nos outros sem perder a prudência
- Praticar o perdão e a empatia

2. O Explorador

✨ Luz (Aspectos Positivos)
- Independência e busca por aventura
- Curiosidade e desejo de aprendizado
- Espírito livre e inovação
- Originalidade e autenticidade

⚫ Sombra (Aspectos Negativos)
- Insatisfação constante, incapacidade de se comprometer
- Impulsividade e imprudência
- Isolamento social, fuga da rotina
- Sensação de vazio quando não está explorando

🔥 Como ativar?
- Experimentar coisas novas e sair da zona de conforto
- Praticar esportes ao ar livre e viagens exploratórias
- Definir novos desafios pessoais

3. O Sábio

✨ Luz (Aspectos Positivos)
- Busca pelo conhecimento e verdade
- Capacidade de análise e reflexão profunda
- Orientação e ensino para os outros
- Sabedoria e clareza mental

⚫ Sombra (Aspectos Negativos)
- Arrogância intelectual, achar-se superior
- Frieza emocional e distanciamento das pessoas
- Excesso de racionalidade, falta de ação prática
- Perda de contato com a intuição

🔥 Como ativar?
- Buscar novos aprendizados e leituras profundas
- Compartilhar conhecimento ensinando outras pessoas
- Equilibrar razão e emoção

4. O Herói

✨ Luz (Aspectos Positivos)
- Determinação e coragem para enfrentar desafios
- Perseverança e força de vontade
- Inspiração e liderança pelo exemplo
- Superação de dificuldades

⚫ Sombra (Aspectos Negativos)
- Arrogância, achar que só ele pode salvar os outros
- Competição exagerada e necessidade de provar algo
- Sacrifício excessivo, ignorando as próprias necessidades
- Teimosia e resistência em pedir ajuda

🔥 Como ativar?
- Assumir desafios e compromissos com coragem
- Cuidar da autoestima e do senso de propósito
- Praticar esportes e desenvolver disciplina

5. O Criador

✨ Luz (Aspectos Positivos)
- Imaginação e criatividade ilimitada
- Inovação e capacidade de gerar novas ideias
- Expressão artística e autenticidade
- Pensamento visionário

⚫ Sombra (Aspectos Negativos)
- Perfeccionismo extremo, nunca estar satisfeito
- Bloqueios criativos por medo da crítica
- Caos e falta de organização prática
- Sensação de ser incompreendido

🔥 Como ativar?
- Criar algo novo diariamente (escrever, pintar, compor)
- Expressar-se sem medo da opinião alheia
- Buscar inspiração em arte, natureza e conhecimento

6. O Cuidador

✨ Luz (Aspectos Positivos)

- Generosidade e empatia
- Cuidado e proteção aos outros
- Compaixão e apoio incondicional
- Sentimento de pertencimento e união

⚫ Sombra (Aspectos Negativos)

- Sacrifício excessivo, negligência de si mesmo
- Ressentimento e dependência emocional
- Co-dependência e superproteção
- Sentimento de ser explorado ou utilizado

🔥 Como ativar?

- Cuidar de si mesmo antes de cuidar dos outros
- Estabelecer limites saudáveis
- Oferecer apoio genuíno sem esperar nada em troca

7. O Criador

✨ Luz (Aspectos Positivos)

- Criatividade e imaginação ilimitadas
- Capacidade de inovar e gerar novas ideias
- Expressão artística e visão
- Pensamento visionário e originalidade

⚫ Sombra (Aspectos Negativos)

- Perfeccionismo e medo da crítica
- Bloqueios criativos e procrastinação
- Falta de disciplina e organização
- Sensação de incompreensão ou desapreço

🔥 Como ativar?

- Permitir-se experimentar sem medo da imperfeição
- Expressar-se através de diferentes formas artísticas
- Aceitar a vulnerabilidade e aprender com as críticas

8. O Mago

✦ Luz (Aspectos Positivos)
- Transformação e sabedoria espiritual
- Capacidade de manifestar sonhos e metas
- Intuição poderosa e conexão com o invisível
- Inspiração para os outros

● Sombra (Aspectos Negativos)
- Manipulação e uso do conhecimento para controle
- Ilusões e promessas vazias
- Orgulho espiritual e sensação de superioridade
- Desconexão da realidade prática

🔥 Como ativar?
- Praticar a visualização e afirmações positivas
- Desenvolver a intuição e conexão espiritual
- Transformar dificuldades em aprendizados

9. O Fora da Lei (Rebelde)

✦ Luz (Aspectos Positivos)
- Revolução e quebra de paradigmas
- Espírito livre e inconformismo
- Criatividade disruptiva
- Independência e autenticidade

● Sombra (Aspectos Negativos)
- Rebeldia sem causa, destrutiva
- Agressividade e raiva contra tudo
- Insubordinação que leva ao isolamento
- Sensação de não pertencer ao mundo

🔥 Como ativar?
- Questionar regras injustas de forma construtiva
- Canalizar a rebeldia para criar mudanças positivas
- Encontrar um propósito para sua luta

10. O Amante

✨ Luz (Aspectos Positivos)
- Paixão pela vida e pelas relações
- Sensibilidade e conexão profunda
- Expressão artística e sensualidade
- Presença no momento presente

⚫ Sombra (Aspectos Negativos)
- Dependência emocional e medo da solidão
- Ciúmes e possessividade extrema
- Exccsso de prazer sem equilíbrio
- Ilusão romântica e idealização excessiva

🔥 Como ativar?
- Cultivar o amor próprio antes de amar os outros
- Se conectar com seus desejos e expressá-los
- Criar beleza ao redor, seja na arte ou nos gestos

11. O Bobo da Corte (Tolo)

✨ Luz (Aspectos Positivos)
- Alegria, leveza e senso de humor
- Espontaneidade e diversão
- Capacidade de viver o presente
- Sabedoria por meio do riso

⚫ Sombra (Aspectos Negativos)
- Irresponsabilidade e falta de compromisso
- Imaturidade emocional
- Medo de se aprofundar na vida
- Evitar conflitos usando piadas

🔥 Como ativar?
- Rir mais e não levar tudo tão a sério
- Cultivar momentos de diversão e leveza
- Encontrar o equilíbrio entre diversão e maturidade

12. O Homem Comum (Cara Comum)

✦ Luz (Aspectos Positivos)
- Simplicidade e autenticidade
- Empatia e conexão com todos
- Humildade e senso de pertencimento
- Valoriza a coletividade

⬤ Sombra (Aspectos Negativos)
- Conformismo e medo da mudança
- Falta de ambição e iniciativa
- Medo de se destacar e ser julgado
- Falta de identidade própria

🔥 Como ativar?
- Se conectar mais com as pessoas ao redor
- Valorizar sua identidade sem medo de se destacar
- Ser autêntico em todas as interações

Arquétipos de Animais: Luz, Sombra e Como Ativar

Os arquétipos de animais são símbolos poderosos, encontrados em mitologias, culturas ancestrais e até no inconsciente coletivo. Cada animal carrega características psíquicas e energéticas únicas, podendo influenciar personalidades, comportamentos e conexões espirituais.

1. Animais Terrestres

🦁 Leão – O Rei, o Líder

✨ Luz: Liderança, coragem, nobreza, proteção, autoconfiança.

⚫ Sombra: Arrogância, dominação, impulsividade, vaidade excessiva.

🔥 Como ativar: Assumir responsabilidade, liderar com justiça, fortalecer a confiança.

🐺 Lobo – O Guardião, o Instintivo

✨ Luz: Lealdade, intuição, liberdade, espírito de equipe.

⚫ Sombra: Isolamento, agressividade, medo de confiar.

🔥 Como ativar: Desenvolver intuição, valorizar a comunidade, praticar independência equilibrada.

🐅 Tigre – O Poderoso, o Feroz

✨ Luz: Determinação, força de vontade, proteção, estratégia.

⚫ Sombra: Impulsividade, ira, teimosia, desejo de controle.

🔥 Como ativar: Focar em metas, equilibrar força com paciência, evitar reações impulsivas.

🐘 Elefante – O Ancestral, o Memorioso

✨ Luz: Sabedoria, paciência, memória, resiliência.

⚫ Sombra: Teimosia, resistência a mudanças, apego ao passado.

🔥 Como ativar: Honrar suas origens, praticar paciência, fortalecer conexões familiares.

🦊 Raposa – O Astuto, o Estrategista

✨ Luz: Inteligência, flexibilidade, perspicácia, criatividade.

⚫ Sombra: Manipulação, engano, desonestidade.

🔥 Como ativar: Usar inteligência de forma ética, adaptar-se a mudanças com estratégia.

🐾 Urso – O Guardião, o Protetor

✦ Luz: Força, proteção, introspecção, conexão com a natureza.

⬤ Sombra: Preguiça, agressividade descontrolada, possessividade.

🔥 Como ativar: Defender aqueles que ama, equilibrar períodos de descanso e ação.

🐂 Touro – O Determinado, o Trabalhador

✦ Luz: Foco, estabilidade, persistência, fertilidade.

⬤ Sombra: Teimosia, resistência à mudança, materialismo.

🔥 Como ativar: Trabalhar com disciplina, valorizar segurança sem se prender ao conforto excessivo.

🦌 Cervo – O Sensível, o Espiritual

✦ Luz: Intuição, gentileza, conexão espiritual, graça.

⬤ Sombra: Sensibilidade extrema, timidez, fuga de desafios.

🔥 Como ativar: Praticar compaixão, confiar na intuição, evitar o medo excessivo.

🦍 Gorila – O Poderoso, o Diplomata

✦ Luz: Liderança pacífica, lealdade, proteção da comunidade.

⬤ Sombra: Agressividade extrema, territorialismo, ego inflado.

🔥 Como ativar: Liderar com sabedoria, cultivar a paz antes da força.

🐕 Cachorro – O Fiel Protetor

✦ Luz: Lealdade, companheirismo, amor incondicional, proteção.

⬤ Sombra: Dependência emocional, submissão cega, ciúmes excessivo.

🔥 Como ativar: Cultivar amizades genuínas, demonstrar gratidão, ser leal consigo mesmo e com os outros.

🐈 Gato – O Independente e Místico

✦ Luz: Mistério, intuição, independência, proteção espiritual.

⬤ Sombra: Frieza emocional, egoísmo, desconfiança extrema.

🔥 Como ativar: Cultivar independência, fortalecer a intuição, equilibrar mistério e conexão social.

🐎 Cavalo – O Espírito Livre

✦ Luz: Liberdade, força, resistência, conexão com a natureza.

● Sombra: Impulsividade, necessidade de fuga, falta de compromisso.

🔥 Como ativar: Praticar atividades que aumentem sua liberdade, confiar mais no próprio instinto.

🐗 Javali – O Guerreiro Selvagem

✨ Luz: Coragem, resistência, poder indomável.

● Sombra: Teimosia, agressividade descontrolada, busca por conflito.

🔥 Como ativar: Enfrentar desafios sem medo, controlar impulsos agressivos, agir com determinação.

🦏 Rinoceronte – O Protetor Resistente

✨ Luz: Força, resiliência, estabilidade, paciência.

● Sombra: Rigidez excessiva, agressividade desnecessária, dificuldade em mudar.

🔥 Como ativar: Aprender a se adaptar a novas situações, encontrar equilíbrio entre força e flexibilidade.

🦓 Zebra – O Equilibrado e Singular

✨ Luz: Individualidade, equilíbrio, conexão social, resistência.

● Sombra: Dificuldade em tomar decisões, medo de se destacar, hesitação.

🔥 Como ativar: Aceitar sua singularidade, confiar mais em suas próprias escolhas, encontrar equilíbrio na diversidade.

● Ouriço – O Guardião Sutil

✨ Luz: Proteção, sensibilidade, sabedoria interior.

● Sombra: Isolamento, desconfiança, resistência a se abrir.

🔥 Como ativar: Criar limites saudáveis sem se fechar completamente, confiar mais nas pessoas certas.

🦦 Lontra – O Espírito Brincalhão

✨ Luz: Alegria, espontaneidade, diversão, conexão social.

● Sombra: Desorganização, falta de compromisso, fuga da realidade.

🔥 Como ativar: Encontrar momentos de leveza no dia a dia, cultivar senso de humor sem perder responsabilidade.

🦘 Canguru – O Saltador Resiliente

✨ Luz: Agilidade, progresso, força materna, instinto protetor.

⚫ Sombra: Agressividade defensiva, dificuldade em recuar, resistência ao descanso.

🔥 Como ativar: Avançar na vida sem medo, cuidar de quem ama, mas sem se sobrecarregar.

🐘 Tartaruga – O Mestre da Paciência

✨ Luz: Sabedoria, resistência, longevidade, tranquilidade.

⚫ Sombra: Lentidão excessiva, resistência ao novo, medo de mudanças.

🔥 Como ativar: Aceitar o ritmo próprio da vida, confiar no tempo certo para as coisas acontecerem.

🦜 Papagaio – O Comunicador Colorido

✨ Luz: Expressão, sociabilidade, inteligência, criatividade.

⚫ Sombra: Superficialidade, fofoca, falta de profundidade.

🔥 Como ativar: Comunicar-se com autenticidade, compartilhar ideias sem cair em excessos verbais.

🐴 Burro – O Trabalhador Incansável

✨ Luz: Persistência, humildade, força, resistência.

⚫ Sombra: Teimosia, submissão extrema, resistência à mudança.

🔥 Como ativar: Trabalhar com propósito, mas sem permitir exploração.

🐒 Macaco – O Esperto e Brincalhão

✨ Luz: Inteligência, criatividade, agilidade, humor.

⚫ Sombra: Enganação, impulsividade, irresponsabilidade.

🔥 Como ativar: Cultivar a inteligência sem manipulação, manter a leveza sem perder a maturidade.

🦌 Alce – O Senhor da Floresta

✨ Luz: Autoridade natural, resistência, conexão com o espiritual.

⚫ Sombra: Orgulho excessivo, isolamento, inflexibilidade.

🔥 Como ativar: Assumir seu espaço com dignidade, sem arrogância.

🐜 Formiga – O Trabalhador Coletivo

✨ Luz: Disciplina, persistência, organização, cooperação.

● Sombra: Rigidez extrema, falta de individualidade, escravidão ao sistema.

🔥 Como ativar: Trabalhar duro sem perder a individualidade, aprender a delegar tarefas.

🦂 Escorpião – O Renascido das Cinzas

✨ Luz: Transformação, poder oculto, mistério, intensidade.

● Sombra: Vingança, manipulação, ciúme excessivo.

🔥 Como ativar: Abraçar a transformação sem destruir tudo ao redor, controlar a intensidade emocional.

🦛 Hipopótamo – O Poder Discreto

✨ Luz: Força oculta, estabilidade emocional, sabedoria.

● Sombra: Raiva reprimida, agressividade inesperada, resistência à mudança.

🔥 Como ativar: Controlar emoções, usar a força apenas quando necessário.

🐆 Leopardo – O Caçador Solitário

✨ Luz: Independência, estratégia, agilidade, precisão.

● Sombra: Isolamento excessivo, arrogância, dificuldade em trabalhar em equipe.

🔥 Como ativar: Valorizar sua independência sem se desconectar do mundo.

🦝 Gambá – O Mestre do Espaço Pessoal

✨ Luz: Autoconfiança, proteção, comunicação clara.

● Sombra: Rejeição, isolamento extremo, desprezo pelos outros.

🔥 Como ativar: Definir limites saudáveis sem afastar aqueles que importam.

🦡 Tamanduá – O Caçador de Verdades

✨ Luz: Curiosidade, inteligência, paciência, foco.

● Sombra: Lerdeza, alienação, desconexão social.

🔥 Como ativar: Buscar conhecimento profundo, mas sem ignorar o que acontece ao redor.

🐫 Camelo – O Sobrevivente da Escassez

✨ Luz: Resistência extrema, sabedoria, paciência, autossuficiência.

● Sombra: Distância emocional, lentidão, resistência à mudança.

🔥 Como ativar: Manter resiliência sem se isolar, administrar bem recursos e energia.

🐀 Rato – O Sobrevivente Astuto

✨ Luz: Inteligência, persistência, adaptabilidade, estratégia.

● Sombra: Medo, desconfiança, furtividade.

🔥 Como ativar: Adaptar-se sem perder ética, enfrentar desafios sem paranoia.

🐿 Esquilo – O Guardião dos Recursos

✨ Luz: Planejamento, preparo, energia, inteligência financeira.

● Sombra: Acúmulo excessivo, ansiedade, inquietação.

🔥 Como ativar: Economizar e planejar sem medo, confiar no fluxo natural da vida.

2. Animais Aéreos

🦅 Águia – O Visionário, o Libertador

✨ Luz: Visão ampla, conexão espiritual, poder, sabedoria.

⚫ Sombra: Arrogância, individualismo extremo, falta de conexão emocional.

🔥 Como ativar: Desenvolver visão estratégica, conectar-se à espiritualidade, agir com sabedoria.

🦉 Coruja – A Guardiã do Mistério

✨ Luz: Inteligência profunda, mistério, percepção aguçada.

⚫ Sombra: Isolamento, frieza, medo da luz (verdade).

🔥 Como ativar: Buscar conhecimento oculto, meditar, confiar na intuição.

🦅 Falcão – O Guerreiro do Céu

✨ Luz: Foco, velocidade, disciplina, determinação.

⚫ Sombra: Impaciência, arrogância, falta de empatia.

🔥 Como ativar: Definir metas claras, agir com precisão e propósito.

🕊 Pomba – A Mensageira da Paz

✨ Luz: Pureza, harmonia, conexão com o divino.

⚫ Sombra: Ingenuidade, submissão, fuga de conflitos.

🔥 Como ativar: Promover a paz, expressar amor incondicional, buscar equilíbrio emocional.

🦇 Morcego – O Transformador da Noite

✨ Luz: Renovação, sensibilidade, adaptação.

⚫ Sombra: Medo do desconhecido, isolamento, paranoia.

🔥 Como ativar: Enfrentar medos, abraçar mudanças, aceitar o ciclo da vida.

🦢 Cisne – O Arquétipo da Elegância e Transformação

✨ Luz: Beleza interior e exterior, renovação, conexão emocional profunda.

⚫ Sombra: Orgulho excessivo, ilusão, fragilidade emocional.

🔥 Como ativar: Aceitar sua transformação, buscar harmonia e equilibrar emoção com razão.

🦅 Gavião – O Guerreiro do Ar

✦ Luz: Estratégia, rapidez, habilidade de enxergar além.

● Sombra: Impulsividade, agressividade, autoritarismo.

🔥 Como ativar: Desenvolver pensamento rápido, agir com precisão e sem hesitação.

🦢 Garça – A Mediadora entre Mundos

✦ Luz: Paz interior, paciência, conexão com a natureza e espiritualidade.

● Sombra: Hesitação, fragilidade emocional, isolamento.

🔥 Como ativar: Buscar equilíbrio emocional e mental, praticar paciência e introspecção.

🐦 Beija-Flor – O Mensageiro do Amor e Alegria

✦ Luz: Energia vibrante, positividade, leveza, apreciação do momento.

● Sombra: Inconstância, inquietação, superficialidade.

🔥 Como ativar: Valorizar o presente, espalhar amor e positividade, cultivar leveza na vida.

🦜 Papagaio – O Comunicador Carismático

✦ Luz: Expressão, sociabilidade, aprendizado rápido, inteligência.

● Sombra: Fofoca, repetição sem reflexão, superficialidade.

🔥 Como ativar: Melhorar a comunicação, expressar ideias de forma criativa e responsável.

🦩 Flamingo – O Equilibrado e Exótico

✦ Luz: Beleza, equilíbrio, criatividade, socialização.

● Sombra: Vaidade excessiva, superficialidade, dependência social.

🔥 Como ativar: Valorizar sua identidade única, equilibrar vida social e individual.

🦚 Pavão – O Brilhante e Exibicionista

✦ Luz: Beleza, carisma, autoexpressão, confiança.

● Sombra: Arrogância, superficialidade, vaidade extrema.

🔥 Como ativar: Expressar-se sem medo, desenvolver autoestima sem cair na soberba.

🦗 Grilo – O Oráculo da Sorte e da Sabedoria

✨ Luz: Boa sorte, intuição, paciência, comunicação com o invisível.

⚫ Sombra: Medo de agir, hesitação, falta de firmeza.

🔥 Como ativar: Confiar na própria voz interior, buscar sabedoria antes de agir.

🦟 Libélula – O Espírito da Ilusão e Transformação

✨ Luz: Clareza mental, renovação, conexão com o inconsciente.

⚫ Sombra: Falsa esperança, superficialidade, ilusão.

🔥 Como ativar: Abandonar ilusões e buscar a verdade interior.

3. Animais Aquáticos

🐬 Golfinho – O Comunicador Alegre

✦ Luz: Inteligência emocional, comunicação, alegria, conexão social.

⬤ Sombra: Superficialidade, falta de seriedade, escapismo.

🔥 Como ativar: Desenvolver conexões profundas, buscar leveza sem fugir da realidade.

🦈 Tubarão – O Predador Imparável

✦ Luz: Determinação, domínio, estratégia.

⬤ Sombra: Agressividade, insensibilidade, obsessão por poder.

🔥 Como ativar: Agir com estratégia, ser resiliente sem atropelar os outros.

🐉 Dragão do Mar – O Guardião Oculto

✦ Luz: Proteção espiritual, mistério, sabedoria ancestral.

⬤ Sombra: Reclusão extrema, desconfiança, apego ao passado.

🔥 Como ativar: Explorar o desconhecido, confiar na intuição, equilibrar emoção e razão.

🐋 Baleia – O Guardião dos Registros Antigos

✦ Luz: Sabedoria ancestral, profundidade emocional, espiritualidade elevada.

⬤ Sombra: Melancolia, isolamento, dificuldade em se adaptar.

🔥 Como ativar: Conectar-se à intuição, aprender com o passado sem se apegar a ele, expressar sentimentos profundos.

🦭 Foca – A Brincalhona Espiritual

✦ Luz: Alegria, fluidez, criatividade, adaptabilidade.

⬤ Sombra: Indecisão, dependência emocional, falta de disciplina.

🔥 Como ativar: Encontrar leveza mesmo nas dificuldades, manter o equilíbrio emocional.

🦦 Lontra-Marinha – O Espírito Livre e Brincalhão

✦ Luz: Independência, jogo, sociabilidade, conexão com o prazer da vida.

⬤ Sombra: Desorganização, impulsividade, excesso de lazer sem foco.

🔥 Como ativar: Criar espaços para alegria sem perder responsabilidade, valorizar amizades.

🐟 Peixe-Palhaço – O Sobrevivente Astuto

✨ Luz: Criatividade, adaptação, resiliência, esperteza.

⚫ Sombra: Insegurança, dependência, submissão.

🔥 Como ativar: Confiar mais em si mesmo, adaptar-se sem perder identidade.

🐟 Peixe-Beta – O Lutador das Águas

✨ Luz: Força, coragem, resiliência, individualidade.

⚫ Sombra: Territorialismo, hostilidade, competitividade extrema.

🔥 Como ativar: Defender seu espaço sem atacar os outros, equilibrar força e empatia.

🦑 Lula – O Mago da Profundidade

✨ Luz: Inteligência estratégica, camuflagem, criatividade.

⚫ Sombra: Manipulação, engano, tendência a se esconder da verdade.

🔥 Como ativar: Usar sua inteligência para inovar, não para iludir.

🦑 Polvo – O Mestre da Estratégia e da Transformação

✨ Luz: Inteligência extrema, adaptabilidade, controle de múltiplas tarefas.

⚫ Sombra: Fuga da responsabilidade, segredo excessivo, comportamento evasivo.

🔥 Como ativar: Aprender novas habilidades, ser flexível sem perder propósito.

🦞 Lagosta – O Resiliente da Transformação

✨ Luz: Renovação, força emocional, resistência, regeneração.

⚫ Sombra: Apegos ao passado, medo de mudar, defesa exagerada.

🔥 Como ativar: Aceitar ciclos de crescimento, superar medos internos.

🦀 Caranguejo – O Guardião da Emoção

✨ Luz: Proteção, lealdade, intuição, nutrição emocional.

⚫ Sombra: Sensibilidade excessiva, defensividade, apego ao passado.

🔥 Como ativar: Cuidar de suas emoções, criar segurança sem se isolar.

🦐 Camarão – O Pequeno Guerreiro

✨ Luz: Trabalho duro, humildade, eficiência, persistência.

⚫ Sombra: Falta de reconhecimento, sensação de ser insignificante.

🔥 Como ativar: Valorizar suas contribuições, confiar mais na própria importância.

Criaturas dos Rios e Lagos

🐸 Sapo – O Mensageiro da Transformação

✨ Luz: Mudança, renovação, conexão com a natureza.

⚫ Sombra: Estagnação, negação de problemas, falta de ação.

🔥 Como ativar: Abraçar mudanças com confiança, liberar emoções reprimidas.

🐊 Jacaré – O Sobrevivente Primordial

✨ Luz: Instinto, resistência, poder oculto, estratégia.

⚫ Sombra: Agressividade extrema, frieza emocional, impulsividade.

🔥 Como ativar: Equilibrar força e paciência, agir com estratégia.

🦎 Salamandra – O Guardião do Elemento Água e Fogo

✨ Luz: Resistência, renascimento, regeneração.

⚫ Sombra: Tendência a desaparecer em momentos difíceis, evasão.

🔥 Como ativar: Abraçar sua capacidade de mudança sem fugir dos desafios.

Criaturas Mitológicas:

🐉 Dragão do Mar – O Guardião do Conhecimento Submerso

✨ Luz: Proteção espiritual, sabedoria oculta, poder ancestral.

⚫ Sombra: Isolamento excessivo, desconfiança, apego ao passado.

🔥 Como ativar: Explorar mistérios, confiar na intuição, equilibrar emoção e razão.

🦑 Kraken – O Senhor dos Abismos

✨ Luz: Força, poder oculto, capacidade de enfrentar grandes desafios.

● Sombra: Imprevisibilidade, destruição, raiva acumulada.

🔥 Como ativar: Usar poder com equilíbrio, não permitir que emoções reprimidas explodam.

🐾 Serena/Mermaid – O Chamado da Intuição e do Encanto

✦ Luz: Magnetismo, poder de atração, voz interior poderosa.

● Sombra: Ilusão, sedução destrutiva, manipulação.

🔥 Como ativar: Honrar sua intuição, usar seu carisma de forma ética.

♟ Leviatã – A Serpente do Caos Oceânico

✦ Luz: Poder absoluto, conhecimento oculto, domínio sobre o subconsciente.

● Sombra: Destruição sem controle, obsessão por poder.

🔥 Como ativar: Dominar os próprios medos, usar força de forma estratégica.

4. Animais Mitológicos

🪅 Dragão – O Mestre do Poder

✨ Luz: Sabedoria, transformação, proteção, força absoluta.

⚫ Sombra: Tirania, ego inflado, destruição desenfreada.

🔥 Como ativar: Usar o poder para o bem, equilibrar força e compaixão.

🔥 Unicórnio – O Guardião da Pureza

✨ Luz: Magia, cura, iluminação espiritual.

⚫ Sombra: Ingenuidade extrema, desconexão da realidade.

🔥 Como ativar: Cultivar a imaginação, manter o coração puro sem se isolar do mundo real.

🔥 Fênix – O Renascido das Cinzas

✨ Luz: Renovação, resiliência, transformação.

⚫ Sombra: Apegos ao passado, resistência ao novo.

🔥 Como ativar: Aceitar mudanças, deixar o que não serve mais para trás, confiar no renascimento pessoal.

🐍 Serpente Cósmica – A Guardiã dos Segredos

✨ Luz: Conhecimento oculto, regeneração, cura espiritual.

⚫ Sombra: Engano, traição, veneno emocional.

🔥 Como ativar: Aprender a confiar na intuição, estudar espiritualidade profunda.

🐉 Dragão Alado – O Guardião do Céu

✨ Luz: Poder supremo, sabedoria ancestral, proteção.

⚫ Sombra: Dominação, arrogância, destruição.

🔥 Como ativar: Usar poder com equilíbrio, buscar crescimento espiritual.

🔥 Pégaso – A Montaria Celestial

✨ Luz: Inspiração, liberdade absoluta, transcendência.

● Sombra: Desconexão da realidade, falta de aterramento.

🔥 Como ativar: Buscar conhecimento superior sem perder o contato com a realidade.

🦅 Roc – A Águia Mítica Gigante

✨ Luz: Domínio supremo, proteção divina, grandeza.

● Sombra: Excesso de poder, dominação, desejo de controle absoluto.

🔥 Como ativar: Cultivar força sem ser tirano, liderar com justiça.

🐍 Quetzalcóatl – A Serpente Emplumada

✨ Luz: União do espiritual e do terreno, sabedoria oculta, renascimento.

● Sombra: Desconexão do presente, uso do conhecimento para controle.

🔥 Como ativar: Equilibrar o espiritual com o material, estudar a sabedoria ancestral.

5. Animais da Fazenda

🐄 Vaca – A Mãe Nutridora

✨ Luz: Fertilidade, prosperidade, paciência, nutrição.

⚫ Sombra: Excesso de passividade, exploração, submissão.

🔥 Como ativar: Praticar generosidade sem se esgotar, valorizar a conexão com a terra.

🐂 Touro – O Trabalhador Determinado

✨ Luz: Força, resistência, estabilidade, determinação.

⚫ Sombra: Teimosia, materialismo, agressividade.

🔥 Como ativar: Manter persistência sem se tornar inflexível, equilibrar força e paciência.

🐖 Porco – O Guardião da Abundância

✨ Luz: Prosperidade, inteligência, fartura, independência.

⚫ Sombra: Excesso de prazer, ganância, preguiça.

🔥 Como ativar: Valorizar o que possui sem cair no excesso, praticar gratidão.

🐐 Bode – O Alpinista da Ambição

✨ Luz: Persistência, superação, disciplina, resistência.

⚫ Sombra: Individualismo extremo, teimosia, rebeldia descontrolada.

🔥 Como ativar: Buscar crescimento constante sem esquecer a coletividade.

🐏 Carneiro – O Determinado e Inocente

✨ Luz: Força, coragem, proteção, renovação.

⚫ Sombra: Ingenuidade, falta de estratégia, obstinação cega.

🔥 Como ativar: Agir com coragem, mas também com inteligência.

🐇 Coelho – O Fertilizador da Vida

✨ Luz: Criatividade, velocidade, fertilidade, prosperidade.

⚫ Sombra: Medo, ansiedade, impulsividade extrema.

🔥 Como ativar: Agir com rapidez sem precipitação, abraçar novas oportunidades.

🐓 Galo – O Mensageiro do Amanhecer

✨ Luz: Coragem, alerta, vitalidade, liderança.

⚫ Sombra: Arrogância, autoritarismo, exibicionismo.

🔥 Como ativar: Assumir liderança com humildade, inspirar os outros com entusiasmo.

🐔 Galinha – A Protetora e Provedora

✨ Luz: Fertilidade, nutrição, proteção materna, estabilidade.

⚫ Sombra: Medo excessivo, inquietação, preocupação desnecessária.

🔥 Como ativar: Cuidar de si e dos outros sem paranoia, valorizar a família e segurança.

🦃 Peru – O Guardião da Abundância

✨ Luz: Gratidão, sacrifício, fartura, proteção.

⚫ Sombra: Orgulho extremo, desperdício, ganância.

🔥 Como ativar: Praticar gratidão diária, compartilhar recursos, evitar excessos.

🦆 Pato – O Viajante Equilibrado

✨ Luz: Adaptabilidade, equilíbrio emocional, intuição.

⚫ Sombra: Indecisão, falta de identidade, tendência a fugir de desafios.

🔥 Como ativar: Encarar desafios com flexibilidade, equilibrar emoção e lógica.

5. Insetos

Os insetos são símbolos de persistência, transformação, trabalho, organização e adaptação. Apesar de pequenos, sua importância na natureza é imensa, e muitos carregam arquétipos poderosos ligados à espiritualidade, sobrevivência e renovação.

🦋 Borboleta – O Espírito da Metamorfose

✨ Luz: Transformação, liberdade, leveza, renascimento.

⬤ Sombra: Instabilidade, superficialidade, falta de raízes.

🔥 Como ativar: Aceitar mudanças, fluir com a vida, expressar sua essência sem medo.

🐛 Lagarta – O Potencial Oculto

✨ Luz: Crescimento, paciência, preparação para a evolução.

⬤ Sombra: Sensação de limitação, medo do desconhecido, lentidão extrema.

🔥 Como ativar: Respeitar seu tempo de evolução, aceitar fases de introspecção.

🦗 Grilo – O Mensageiro da Sorte e Sabedoria

✨ Luz: Intuição, música, otimismo, espiritualidade.

⬤ Sombra: Hesitação, procrastinação, dificuldade de decisão.

🔥 Como ativar: Confiar na própria voz interior, tomar decisões com coragem.

🐝 Abelha – A Trabalhadora da Harmonia

✨ Luz: Trabalho em equipe, produtividade, comunicação, doação.

⬤ Sombra: Excesso de trabalho, sacrifício pessoal, falta de individualidade.

🔥 Como ativar: Trabalhar para o bem maior sem perder sua essência, equilibrar descanso e esforço.

🐜 Formiga – O Construtor da Disciplina

✨ Luz: Organização, persistência, esforço conjunto, estabilidade.

⬤ Sombra: Rigidez excessiva, falta de espontaneidade, escravidão ao trabalho.

🔥 Como ativar: Estabelecer metas claras, equilibrar vida profissional e pessoal.

🦗 Cupim – O Trabalhador Invisível

✦ Luz: Construção sólida, colaboração silenciosa, resistência.

● Sombra: Destruição silenciosa, invasão, desgaste gradual.

🔥 Como ativar: Criar bases sólidas para seus projetos, evitar desgastar relações.

🕷 Aranha – A Tecelã do Destino

✦ Luz: Criatividade, paciência, estratégia, conexão espiritual.

● Sombra: Manipulação, aprisionamento, medo do controle externo.

🔥 Como ativar: Criar seu próprio destino, usar estratégia para alcançar seus objetivos.

🦂 Escorpião – O Guardião da Energia Oculta

✦ Luz: Proteção, intensidade, poder oculto, regeneração.

● Sombra: Vingança, ressentimento, isolamento.

🔥 Como ativar: Trabalhar a energia interior, liberar rancores, usar sua força de forma positiva.

🦗 Louva-a-Deus – O Mestre da Paciência e Intuição

✦ Luz: Concentração, estratégia, paciência extrema.

● Sombra: Frieza, predador silencioso, falta de empatia.

🔥 Como ativar: Esperar o momento certo para agir, confiar mais na intuição.

🦋 Mariposa – O Buscador Espiritual

✦ Luz: Busca pelo conhecimento oculto, transformação, sensibilidade.

● Sombra: Obsessão pelo inalcançável, autodestruição, ilusão.

🔥 Como ativar: Equilibrar razão e emoção, perseguir sonhos sem perder o pé na realidade.

🦟 Mosquito – O Mensageiro do Incômodo

✦ Luz: Atenção aos detalhes, resistência, alerta.

● Sombra: Irritação, desgaste, consumo de energia alheia.

🔥 Como ativar: Observar o que está incomodando na vida, evitar ser drenado por pessoas ou situações negativas.

🦗 Gafanhoto – O Saltador da Liberdade

✦ Luz: Movimento rápido, expansão, transformação.

● Sombra: Impulsividade, destruição em massa, instabilidade.

🔥 Como ativar: Mudar de direção sem impulsividade, abraçar novas oportunidades.

🦗 Bicho-Pau – O Invisível Estratégico

✦ Luz: Discrição, proteção, observação silenciosa.

● Sombra: Falta de ação, medo de se expor, anonimato extremo.

🔥 Como ativar: Usar discrição para seu benefício sem desaparecer completamente.

🐞 Joaninha – O Talismã da Boa Sorte

✦ Luz: Alegria, proteção espiritual, renovação.

● Sombra: Excesso de otimismo sem base, fragilidade emocional.

🔥 Como ativar: Praticar gratidão, manter pensamentos positivos com realismo.

🪲 Besouro – O Guardião da Força Espiritual

✦ Luz: Transformação, força interior, conexão espiritual.

● Sombra: Rigidez, dificuldade em abandonar velhos hábitos.

🔥 Como ativar: Enfrentar desafios sem medo, acreditar no próprio poder.

Arquétipos de Cores: Significados, Luz, Sombra e Como Ativar

As cores são frequências energéticas que impactam o inconsciente e despertam emoções, estados mentais e arquétipos universais. Elas são usadas em mitologia, psicologia, espiritualidade, marketing e rituais, pois influenciam profundamente o comportamento humano. Cada cor tem um aspecto de luz e um de sombra, podendo ser ativada para potencializar determinadas qualidades na vida.

🔴 VERMELHO – A Cor do Fogo e da Paixão

✦ Luz (Aspectos Positivos)

- Energia, vitalidade e força
- Determinação e coragem
- Sensualidade e poder de atração
- Impulso para ação e liderança

🔴 Sombra (Aspectos Negativos)

- Agressividade, raiva e impulsividade
- Impaciência e irritação
- Egoísmo e dominação
- Comportamento destrutivo e falta de controle

🔥 Como ativar?

- Usar roupas vermelhas para aumentar confiança e energia
- Praticar atividades físicas para liberar impulsos reprimidos
- Trabalhar o foco e a ação em objetivos concretos

● AZUL – A Cor da Calma e da Sabedoria

✦ Luz (Aspectos Positivos)

- Paz interior e serenidade
- Sabedoria, lógica e introspecção
- Comunicação clara e diplomacia
- Proteção espiritual e conexão com o divino

● Sombra (Aspectos Negativos)

- Frieza emocional e distanciamento
- Rigidez mental e dificuldade em se adaptar
- Isolamento excessivo e depressão
- Medo de expressar emoções

🔥 Como ativar?

- Meditar perto de água ou observar o céu para clareza mental
- Usar azul em roupas ou ambientes para reduzir ansiedade
- Expressar sentimentos de maneira tranquila e assertiva

● AMARELO – A Cor do Intelecto e da Criatividade

✦ Luz (Aspectos Positivos)

- Alegria, otimismo e entusiasmo
- Inteligência, criatividade e inovação
- Comunicação expansiva e carisma
- Motivação para aprender e crescer

● Sombra (Aspectos Negativos)

- Ansiedade, estresse e hiperatividade
- Ego inflado e necessidade excessiva de atenção
- Falta de foco e procrastinação
- Medo de ser rejeitado ou criticado

🔥 Como ativar?

- Usar amarelo em objetos de trabalho ou estudo para estimular criatividade
- Fazer atividades que despertem alegria genuína
- Evitar excesso de pensamentos, praticando mindfulness

● VERDE – A Cor da Cura e do Crescimento

✨ Luz (Aspectos Positivos)

- Equilíbrio e harmonia emocional
- Renovação, crescimento e prosperidade
- Saúde física e regeneração
- Conexão com a natureza e empatia

● Sombra (Aspectos Negativos)

- Estagnação e medo da mudança
- Ciúmes, inveja e possessividade
- Excesso de cautela e resistência ao novo
- Dependência emocional

🔥 Como ativar?

- Passar tempo em contato com a natureza
- Usar verde na decoração para equilíbrio energético
- Praticar generosidade e gratidão pelo que já conquistou

● BRANCO – A Cor da Pureza e da Iluminação

✨ Luz (Aspectos Positivos)

- Paz, limpeza e renovação
- Clareza mental e espiritualidade elevada
- Simplicidade e autenticidade
- Conexão com a verdade e transparência

● Sombra (Aspectos Negativos)

- Frieza, indiferença e excesso de racionalidade
- Perfeccionismo e repressão emocional
- Sensação de vazio ou falta de direção
- Idealismo extremo

🔥 Como ativar?

- Vestir branco para purificação e novos começos
- Praticar meditação para limpar pensamentos negativos
- Buscar simplicidade na vida, eliminando excessos

● PRETO – A Cor do Mistério e do Poder Oculto

✦ Luz (Aspectos Positivos)

- Força interior e poder pessoal
- Proteção energética e mistério
- Elegância, sofisticação e discrição
- Conexão com o inconsciente profundo

● Sombra (Aspectos Negativos)

- Melancolia, luto e negatividade
- Isolamento, dureza emocional e pessimismo
- Comportamento manipulador e dominador
- Bloqueios energéticos e apego ao passado

🔥 Como ativar?

- Usar preto para proteção e autoridade
- Explorar a própria sombra sem medo, aceitando emoções reprimidas
- Praticar rituais de introspecção e empoderamento

● ROXO – A Cor da Magia e da Espiritualidade

✦ Luz (Aspectos Positivos)

- Espiritualidade elevada e intuição
- Criatividade mística e conexão com o invisível
- Sabedoria e transformação interior
- Sensibilidade artística e expansão da consciência

● Sombra (Aspectos Negativos)

- Alienação e desconexão da realidade
- Egocentrismo espiritual e arrogância mística
- Melancolia, nostalgia e falta de ação prática
- Fuga para ilusões e fantasias

🔥 Como ativar?

- Usar roxo em momentos de meditação e estudos espirituais
- Desenvolver intuição e percepção energética
- Evitar excessos espirituais, equilibrando com a realidade

● LARANJA – A Cor do Entusiasmo e da Criatividade

✨ Luz (Aspectos Positivos)

- Motivação, coragem e empolgação
- Criatividade dinâmica e espontaneidade
- Sociabilidade e conexão com os outros
- Sensualidade equilibrada e prazer pela vida

● Sombra (Aspectos Negativos)

- Falta de comprometimento e imaturidade
- Necessidade de atenção e exagero na comunicação
- Dificuldade em lidar com momentos de introspecção
- Impulsividade e exagero na busca por prazer

🔥 Como ativar?

- Fazer atividades criativas que tragam alegria
- Vestir laranja para aumentar autoconfiança
- Praticar esportes e movimentos para liberar energia acumulada

● CINZA – A Cor do Equilíbrio e da Neutralidade

✨ Luz (Aspectos Positivos)

- Maturidade, equilíbrio e autocontrole
- Praticidade e sabedoria nas decisões
- Neutralidade e visão lógica
- Elegância e sofisticação discreta

● Sombra (Aspectos Negativos)

- Apatia e falta de entusiasmo
- Medo de correr riscos e rigidez emocional
- Falta de posicionamento e medo de mudanças
- Desmotivação e frieza

🔥 Como ativar?

- Usar cinza para momentos de reflexão e equilíbrio
- Trabalhar o desapego emocional sem se isolar
- Buscar leveza sem perder maturidade

● DOURADO – A Cor da Riqueza e da Iluminação

✦ Luz (Aspectos Positivos)

- Abundância, prosperidade e sucesso
- Sabedoria superior e conexão divina
- Autoestima elevada e reconhecimento
- Brilho pessoal e magnetismo

● Sombra (Aspectos Negativos)

- Vaidade excessiva e materialismo
- Orgulho exagerado e necessidade de validação
- Arrogância e superioridade
- Apego ao status e poder

🔥 Como ativar?

- Usar dourado para atrair prosperidade e autoconfiança
- Expressar liderança com humildade
- Valorizar riqueza interior tanto quanto a exterior

● PRATEADO – A Cor da Intuição e da Modernidade

✦ Luz (Aspectos Positivos)

- Conexão com a lua e energia feminina
- Intuição aguçada e criatividade fluida
- Tecnologia, inovação e adaptabilidade
- Proteção energética

● Sombra (Aspectos Negativos)

- Frieza, distanciamento emocional
- Superficialidade e falta de raízes
- Ilusões e sensibilidade excessiva

🔥 Como ativar?

- Usar prata em acessórios para aumentar intuição
- Praticar conexão com ciclos lunares
- Equilibrar emoções com lógica

Arquétipos de Planetas e Corpos Celestes

Os planetas e corpos celestes possuem arquétipos poderosos, refletindo aspectos psicológicos, espirituais e energéticos. Eles influenciam desde a mitologia até a astrologia, moldando comportamentos, desafios e potenciais da humanidade.

Cada corpo celeste tem aspectos de luz e sombra, podendo ser ativado de forma consciente para despertar qualidades positivas.

SOL – O Arquétipo da Consciência e do Poder Pessoal

✦ Luz (Aspectos Positivos)
- Vitalidade, energia e força interior
- Autoconfiança e poder pessoal
- Criatividade e liderança
- Clareza mental e brilho próprio

● Sombra (Aspectos Negativos)
- Ego inflado, arrogância e narcisismo
- Autoritarismo e necessidade de controle
- Busca por validação excessiva
- Falta de humildade

♨ Como ativar?
- Passar mais tempo sob a luz do sol para energização
- Trabalhar a autoconfiança e o reconhecimento do próprio valor
- Praticar liderança equilibrada, sem dominação

☽ LUA – O Arquétipo da Intuição e do Mundo Emocional

✦ Luz (Aspectos Positivos)

- Intuição e conexão com o inconsciente
- Sensibilidade, empatia e cuidado
- Ciclos e renovação emocional
- Conexão com o feminino e a espiritualidade

● Sombra (Aspectos Negativos)

- Oscilação emocional e instabilidade
- Ilusão, fantasias e falta de objetividade
- Hipersensibilidade e vitimismo
- Dificuldade em lidar com o passado

🔥 Como ativar?

- Observar as fases da Lua e alinhar-se com seus ciclos
- Meditar e trabalhar a intuição por meio dos sonhos
- Praticar autocuidado e se conectar com suas emoções

☿ MERCÚRIO – O Arquétipo da Comunicação e da Inteligência

✦ Luz (Aspectos Positivos)

- Agilidade mental e raciocínio rápido
- Boa comunicação e carisma
- Adaptação e versatilidade
- Curiosidade e busca por conhecimento

● Sombra (Aspectos Negativos)

- Falta de profundidade e superficialidade
- Manipulação e enganação
- Fofoca e discurso sem responsabilidade
- Ansiedade mental e dispersão

🔥 Como ativar?

- Escrever, ler e praticar oratória para expandir a comunicação
- Trabalhar a clareza mental e organização de pensamentos
- Usar a criatividade na resolução de problemas

♀ VÊNUS – O Arquétipo do Amor e da Beleza

✦ Luz (Aspectos Positivos)

- Harmonia, magnetismo e charme
- Prazer, sensualidade e apreciação estética
- Conexões amorosas e sociais saudáveis
- Autoestima e amor-próprio

● Sombra (Aspectos Negativos)

- Vaidade excessiva e superficialidade
- Apego ao luxo e materialismo
- Dependência emocional
- Preguiça e falta de ambição

🔥 Como ativar?

- Cultivar amor-próprio e cuidar da aparência sem excessos
- Valorizar relações saudáveis e equilibradas
- Apreciar arte, música e beleza ao redor

♂ MARTE – O Arquétipo da Ação e do Guerreiro

✦ Luz (Aspectos Positivos)

- Energia, iniciativa e coragem
- Determinação e foco
- Competitividade saudável
- Paixão e intensidade

● Sombra (Aspectos Negativos)

- Agressividade e impulsividade
- Ira e comportamento destrutivo
- Competição desleal
- Falta de paciência

🔥 Como ativar?

- Praticar esportes e atividades físicas para liberar energia
- Canalizar a impulsividade para projetos produtivos
- Aprender a controlar e direcionar a raiva de forma saudável

♃ JÚPITER – O Arquétipo da Expansão e da Sabedoria

✦ Luz (Aspectos Positivos)

- Crescimento, sorte e abundância
- Sabedoria e busca por conhecimento
- Fé, otimismo e generosidade
- Espírito aventureiro

● Sombra (Aspectos Negativos)

- Excesso de otimismo e irresponsabilidade
- Exageros e desperdícios
- Arrogância intelectual
- Falta de limites e exageros em prazeres

🔥 Como ativar?

- Estudar e expandir a mente por meio do aprendizado
- Acreditar no próprio potencial sem perder o foco
- Praticar generosidade e equilíbrio

♄ SATURNO – O Arquétipo da Disciplina e do Tempo

✦ Luz (Aspectos Positivos)

- Responsabilidade e maturidade
- Disciplina e foco
- Estrutura e planejamento
- Resiliência e superação

● Sombra (Aspectos Negativos)

- Rigor excessivo e inflexibilidade
- Medo de mudanças e estagnação
- Pessimismo e autorrepressão
- Bloqueios emocionais e cobranças excessivas

🔥 Como ativar?

- Criar hábitos estruturados e estabelecer metas realistas
- Praticar autodisciplina sem se sobrecarregar
- Aceitar que dificuldades são parte do crescimento

⚥ URANO – O Arquétipo da Inovação e da Revolução

✦ Luz (Aspectos Positivos)

- Originalidade e criatividade revolucionária
- Independência e inovação
- Quebra de padrões e visão de futuro
- Intuição rápida e genialidade

● Sombra (Aspectos Negativos)

- Rebeldia extrema e falta de disciplina
- Excentricidade sem propósito
- Impulsividade e instabilidade
- Dificuldade em seguir regras necessárias

♨ Como ativar?

- Estimular a criatividade e o pensamento inovador
- Aprender a equilibrar liberdade com responsabilidade
- Desenvolver novas ideias e soluções para problemas antigos

♆ NETUNO – O Arquétipo da Espiritualidade e do Sonho

✦ Luz (Aspectos Positivos)

- Sensibilidade, empatia e conexão espiritual
- Imaginação, arte e criatividade
- Inspiração e transcendência
- Amor incondicional

● Sombra (Aspectos Negativos)

- Ilusão, engano e fuga da realidade
- Dependência de vícios e escapismo
- Confusão mental e falta de clareza
- Idealismo extremo sem ação concreta

♨ Como ativar?

- Praticar meditação e conexão espiritual equilibrada
- Expressar-se artisticamente para canalizar emoções
- Buscar equilíbrio entre sonhos e realidade

♇ PLUTÃO – O Arquétipo da Transformação e do Renascimento

✦ Luz (Aspectos Positivos)

- Transformação profunda e regeneração
- Poder pessoal e autoconhecimento
- Determinação e superação
- Coragem para enfrentar as sombras

● Sombra (Aspectos Negativos)

- Medo da mudança e resistência ao novo
- Comportamento controlador e manipulador
- Obsessões e destruição sem propósito
- Trauma e repressão emocional

🔥 Como ativar?

- Trabalhar a aceitação da mudança como algo natural
- Lidar com emoções profundas através do autoconhecimento
- Usar crises como oportunidades de evolução

Arquétipos Mitológicos e Religiosos: Luz, Sombra e Como Ativar

Os arquétipos mitológicos e religiosos são padrões universais de poder, encontrados em mitos, lendas e crenças ao longo da história da humanidade. Representam forças primordiais e aspectos essenciais do comportamento humano, sendo frequentemente utilizados para descrever figuras míticas, divindades e heróis.

Cada arquétipo tem aspectos de luz e sombra, podendo ser ativado de forma consciente para despertar seus potenciais.

✸ O CRIADOR – A Fonte da Manifestação

✦ Luz (Aspectos Positivos)

- Capacidade de inovar e criar algo do zero
- Inspiração artística e intelectual
- Poder de dar forma à realidade
- Imaginação ilimitada

⬤ Sombra (Aspectos Negativos)

- Perfeccionismo e medo do fracasso
- Apego à criação, dificuldade em soltar o que foi feito
- Excesso de ideias sem ação prática
- Manipulação através da criatividade

🔥 Como ativar?

- Trabalhar em projetos criativos e expressivos
- Criar sem medo da crítica
- Assumir responsabilidade pela própria realidade

■ O SALVADOR – O Redentor e o Libertador

✦ Luz (Aspectos Positivos)

- Capacidade de ajudar e guiar os outros
- Sacrifício em prol do bem maior
- Altruísmo e compaixão
- Inspiração para mudanças positivas

● Sombra (Aspectos Negativos)

- Síndrome do salvador, necessidade de consertar tudo
- Auto-sacrifício excessivo até a exaustão
- Manipulação emocional através do sofrimento
- Sentimento de superioridade espiritual

🔥 Como ativar?

- Ajudar sem esperar reconhecimento
- Cuidar de si antes de salvar os outros
- Agir com compaixão equilibrada

🔥 O DESTRUIDOR – A Força do Caos e da Renovação

✦ Luz (Aspectos Positivos)

- Capacidade de encerrar ciclos e eliminar o que não serve
- Força para enfrentar mudanças radicais
- Coragem para destruir estruturas obsoletas
- Renovação e transformação profunda

● Sombra (Aspectos Negativos)

- Destruição sem propósito, caos absoluto
- Comportamento autodestrutivo
- Rebeldia extrema sem planejamento
- Falta de consideração pelas consequências

🔥 Como ativar?

- Identificar o que precisa ser removido da vida
- Romper padrões negativos com estratégia
- Usar o caos como ferramenta de reconstrução

● O GUARDIÃO – O Protetor e Defensor

✦ Luz (Aspectos Positivos)

- Capacidade de proteger e cuidar dos outros
- Sentido de responsabilidade e dever
- Disciplina e honra
- Determinação inabalável

● Sombra (Aspectos Negativos)

- Controle excessivo e paranoia
- Agressividade defensiva exagerada
- Medo de perder o controle
- Postura rígida e inflexível

🔥 Como ativar?

- Proteger aqueles ao seu redor com equilíbrio
- Desenvolver disciplina e senso de justiça
- Criar limites saudáveis sem imposição exagerada

■ O TRICKSTER (TRAPACEIRO) – O Mestre da Ilusão e da Desordem

✦ Luz (Aspectos Positivos)

- Inteligência, esperteza e criatividade
- Capacidade de questionar regras e dogmas
- Humor e leveza para lidar com desafios
- Adaptabilidade e flexibilidade

● Sombra (Aspectos Negativos)

- Manipulação e mentiras
- Caos sem propósito
- Irresponsabilidade e comportamento destrutivo
- Falta de compromisso

🔥 Como ativar?

- Usar o humor e a inteligência para desafiar padrões
- Evitar manipular as situações para ganho pessoal
- Manter equilíbrio entre rebeldia e responsabilidade

♟ O PROFETA – O Mensageiro da Verdade

✦ Luz (Aspectos Positivos)

- Capacidade de prever tendências e padrões
- Inspiração e conexão com forças superiores
- Sabedoria e orientação espiritual
- Coragem para falar verdades difíceis

● Sombra (Aspectos Negativos)

- Fanatismo e dogmatismo
- Sensação de superioridade espiritual
- Falta de paciência com quem não vê sua visão
- Desconexão da realidade

🔥 Como ativar?

- Compartilhar conhecimento sem arrogância
- Desenvolver paciência e compreensão
- Aceitar que cada um tem seu próprio caminho

✕ O GUERREIRO – O Lutador pela Justiça

✦ Luz (Aspectos Positivos)

- Coragem, determinação e resistência
- Foco em objetivos e superação de desafios
- Disciplina e honra
- Defesa dos mais fracos

● Sombra (Aspectos Negativos)

- Agressividade descontrolada
- Conflito constante e busca por inimigos
- Desprezo pela fraqueza
- Falta de flexibilidade

🔥 Como ativar?

- Praticar artes marciais ou atividades que fortaleçam a disciplina
- Defender causas justas sem violência desnecessária
- Canalizar a raiva para mudanças positivas

■ O MESTRE – O Guia do Conhecimento

✦ Luz (Aspectos Positivos)

- Sabedoria e paciência para ensinar
- Desejo de transmitir conhecimento
- Inspiração para o crescimento alheio
- Humildade para continuar aprendendo

● Sombra (Aspectos Negativos)

- Orgulho intelectual e arrogância
- Impaciência com quem aprende devagar
- Resistência a novas ideias
- Manipulação através do conhecimento

🔥 Como ativar?

- Compartilhar ensinamentos com humildade
- Buscar evolução contínua
- Estimular o aprendizado nos outros

♦ O MÁRTIR – O Sacrificado pelo Bem Maior

✦ Luz (Aspectos Positivos)

- Entrega a uma causa maior
- Determinação inabalável
- Inspiração e força moral
- Serviço ao próximo

● Sombra (Aspectos Negativos)

- Auto-sacrifício extremo e vitimismo
- Sofrimento desnecessário
- Expectativa de reconhecimento pelo sofrimento
- Ressentimento por não ser valorizado

🔥 Como ativar?

- Servir sem esperar retorno
- Cuidar de si antes de se doar ao outro
- Entender que o sacrifício deve ter um propósito real

● O SOMBRA – O Lado Oculto e Reprimido

✨ Luz (Aspectos Positivos)

- Autoconhecimento profundo
- Transformação e libertação interior
- Aceitação dos próprios defeitos
- Poder pessoal integrado

● Sombra (Aspectos Negativos)

- Autossabotagem e comportamentos destrutivos
- Repressão de emoções e traumas
- Medo do próprio poder
- Projeção da culpa nos outros

🔥 Como ativar?

- Trabalhar a sombra através da terapia e introspecção
- Aceitar os próprios defeitos e integrá-los
- Encarar os medos de frente

Arquétipos Naturais e Elementais: Luz, Sombra e Como Ativar

Os arquétipos naturais e elementais representam as forças primordiais da natureza, refletindo qualidades essenciais da psique humana e do universo. Eles aparecem em mitologias, espiritualidade e até na psicologia, influenciando comportamentos e percepções sobre o mundo.

Cada um tem aspectos de luz e sombra, e sua ativação pode trazer equilíbrio e poder pessoal.

🔥 FOGO – O Arquétipo da Paixão e da Transformação

✦ Luz (Aspectos Positivos)

- Energia, impulso e motivação
- Criatividade, paixão e entusiasmo
- Transformação e renovação
- Força de vontade e liderança

● Sombra (Aspectos Negativos)

- Destruição sem controle e impulsividade
- Raiva, agressividade e explosões emocionais
- Egoísmo e falta de paciência
- Obsessão e autodestruição

🔥 Como ativar?

- Acender velas ou fogueiras para meditar sobre mudanças
- Praticar exercícios físicos para canalizar energia
- Trabalhar com criatividade e inovação

💧 ÁGUA – O Arquétipo da Emoção e do Fluxo

✦ Luz (Aspectos Positivos)

- Sensibilidade, empatia e intuição
- Renovação e purificação
- Adaptação e fluidez
- Conexão com o inconsciente

⬤ Sombra (Aspectos Negativos)

- Oscilação emocional extrema
- Fuga da realidade e escapismo
- Dependência emocional
- Medo da mudança

🔥 Como ativar?

- Tomar banhos relaxantes e praticar rituais de limpeza energética
- Observar a água em movimento (rios, mar, chuva)
- Trabalhar a intuição e a conexão com as emoções

⬤ TERRA – O Arquétipo da Estabilidade e Estrutura

✦ Luz (Aspectos Positivos)

- Segurança, disciplina e solidez
- Prosperidade e crescimento
- Conexão com a natureza e com o corpo
- Resistência e paciência

⬤ Sombra (Aspectos Negativos)

- Rigidez extrema e teimosia
- Materialismo excessivo
- Dificuldade de adaptação a mudanças
- Lentidão para tomar decisões

🔥 Como ativar?

- Caminhar descalço na terra ou no mato
- Trabalhar com jardinagem ou contato direto com a natureza
- Criar estrutura e organização na vida cotidiana

🍃 AR – O Arquétipo da Liberdade e do Intelecto

✨ Luz (Aspectos Positivos)

- Inteligência, comunicação e criatividade
- Movimento e expansão de ideias
- Curiosidade e inovação
- Liberdade e desapego

⚫ Sombra (Aspectos Negativos)

- Dispersão, superficialidade e falta de foco
- Falta de compromisso e inconstância
- Excesso de pensamentos e ansiedade
- Falta de conexão emocional

🔥 Como ativar?

- Praticar respiração consciente e meditação com o vento
- Buscar novos conhecimentos e estimular a criatividade
- Viajar e explorar novos lugares

🌩 TEMPESTADE – O Arquétipo do Caos e da Força Bruta

✨ Luz (Aspectos Positivos)

- Poder de mudança e transformação radical
- Energia intensa e capacidade de inovação
- Superação de desafios e crescimento pessoal
- Libertação de velhas estruturas

⚫ Sombra (Aspectos Negativos)

- Caos destrutivo sem controle
- Explosões emocionais e imprevisibilidade
- Medo do desconhecido e resistência à mudança
- Sensação de desordem constante

🔥 Como ativar?

- Aceitar mudanças como oportunidades de evolução
- Usar momentos de crise para reformular a vida
- Trabalhar a resiliência diante de desafios

▲ MONTANHA – O Arquétipo da Sabedoria e da Perseverança

✦ Luz (Aspectos Positivos)
- Força, resistência e estabilidade
- Sabedoria adquirida pela experiência
- Conexão espiritual elevada
- Determinação e disciplina

● Sombra (Aspectos Negativos)
- Rigidez extrema e dificuldade em flexibilizar
- Isolamento e resistência à interação social
- Medo de sair da zona de conforto
- Orgulho excessivo

🔥 Como ativar?
- Subir uma montanha ou colina para sentir a energia do topo
- Buscar autoconhecimento e crescimento interior
- Cultivar paciência e persistência diante de desafios

C OCEANO – O Arquétipo da Profundidade e do Mistério

✦ Luz (Aspectos Positivos)
- Conexão profunda com o inconsciente
- Criatividade ilimitada e imaginação
- Sensação de fluidez e liberdade
- Energia curativa e regeneração

● Sombra (Aspectos Negativos)
- Medo do desconhecido e emoções reprimidas
- Ilusões e escapismo
- Sensação de ser engolido pelo próprio emocional
- Falta de controle e instabilidade

🔥 Como ativar?
- Passar tempo à beira-mar ou visualizar o som das ondas
- Escrever sonhos e analisar significados ocultos
- Explorar o subconsciente por meio da meditação

🌬 VENTO – O Arquétipo da Mudança e da Liberdade

✦ Luz (Aspectos Positivos)

- Movimento, liberdade e expansão
- Flexibilidade e leveza
- Transformação e renovação
- Comunicação e criatividade

⬤ Sombra (Aspectos Negativos)

- Instabilidade e inconstância
- Dificuldade de aterramento e comprometimento
- Falta de profundidade e superficialidade
- Impulsividade e desorientação

🔥 Como ativar?

- Sentir o vento no rosto e respirar profundamente
- Trabalhar a flexibilidade mental e emocional
- Buscar novos aprendizados e mudanças positivas

Arquétipos Simbólicos e Ocultistas: Luz, Sombra e Como Ativar

Os arquétipos simbólicos e ocultistas representam conceitos místicos e filosóficos profundos, utilizados em religiões, sociedades secretas, alquimia, mitologia e espiritualidade. Cada um deles carrega um significado universal e pode influenciar a mente inconsciente de formas poderosas.

Eles possuem aspectos de luz e sombra e podem ser ativados por meio de rituais, meditação, estudo e práticas espirituais.

● O OLHO QUE TUDO VÊ – O Arquétipo da Onisciência e do Conhecimento Secreto

✦ Luz (Aspectos Positivos)
- Visão ampliada e sabedoria profunda
- Percepção além da ilusão e da manipulação
- Proteção espiritual e conexão divina
- Consciência elevada e despertar

● Sombra (Aspectos Negativos)
- Vigilância e controle excessivo
- Manipulação e dominação pelo conhecimento
- Paranoia e medo de ser observado
- Sentimento de impotência diante de forças ocultas

🔥 Como ativar?
- Praticar meditação focada na intuição e na verdade
- Desenvolver autoconhecimento e percepção sutil
- Observar padrões ocultos na realidade

🐍 A SERPENTE ENROSCADA – O Arquétipo da Sabedoria e do Renascimento

✦ Luz (Aspectos Positivos)

- Cura, regeneração e transformação
- Conhecimento oculto e iniciação espiritual
- Energia Kundalini e ascensão da consciência
- Conexão com a dualidade e equilíbrio

● Sombra (Aspectos Negativos)

- Traição e manipulação
- Sedução e engano
- Desejo de controle sobre os outros
- Uso do conhecimento para fins egoístas

🔥 Como ativar?

- Praticar exercícios de energia, como ativação da Kundalini
- Trabalhar o equilíbrio entre instinto e espiritualidade
- Estudar sobre a simbologia da serpente na alquimia e religiões

🍷 O CÁLICE – O Arquétipo da União e do Mistério Sagrado

✦ Luz (Aspectos Positivos)

- Plenitude e receptividade
- Fertilidade e abundância espiritual
- União entre o divino e o humano
- Conexão com a intuição e os mistérios femininos

● Sombra (Aspectos Negativos)

- Ilusões espirituais e dogmatismo
- Dependência emocional e fragilidade
- Excessos e indulgências
- Manipulação pela fé

🔥 Como ativar?

- Realizar rituais de consagração e conexão espiritual
- Meditar sobre o simbolismo da taça na mitologia
- Trabalhar a receptividade e gratidão

⚔ A ESPADA – O Arquétipo da Verdade e do Poder

✦ Luz (Aspectos Positivos)
- Coragem e determinação
- Clareza mental e discernimento
- Justiça e retidão
- Proteção espiritual

● Sombra (Aspectos Negativos)
- Agressividade e sede de vingança
- Uso da força sem ética
- Rigidez e falta de flexibilidade
- Dominação e violência

🔥 Como ativar?
- Trabalhar a justiça e a verdade sem arrogância
- Desenvolver disciplina e força de vontade
- Simbolicamente "afiar a mente" com estudos e treinamentos

🔑 A CHAVE – O Arquétipo do Acesso ao Conhecimento Oculto

✦ Luz (Aspectos Positivos)
- Solução para problemas complexos
- Desbloqueio de mistérios e segredos
- Capacidade de abrir novos caminhos
- Sabedoria aplicada

● Sombra (Aspectos Negativos)
- Segredos guardados e conhecimento oculto por egoísmo
- Bloqueios espirituais e emocionais
- Medo de explorar o desconhecido
- Dificuldade em tomar decisões

🔥 Como ativar?
- Visualizar chaves em meditações para acessar o inconsciente
- Estudar conhecimentos profundos e simbólicos
- Abrir-se para novas oportunidades e caminhos

■ A CRUZ – O Arquétipo da Redenção e do Sacrifício

✨ Luz (Aspectos Positivos)

- Proteção espiritual e conexão com o divino
- Superação de desafios e aprendizado através da dor
- Transformação e transcendência
- Equilíbrio entre matéria e espírito

● Sombra (Aspectos Negativos)

- Culpa excessiva e sofrimento autoimposto
- Dogmatismo e rigidez religiosa
- Fanatismo e intolerância
- Auto-sacrifício sem propósito

🔥 Como ativar?

- Buscar equilíbrio entre espiritualidade e vida prática
- Compreender que desafios são oportunidades de crescimento
- Trabalhar o perdão e a compaixão

◉ O LABIRINTO – O Arquétipo da Jornada Interior

✨ Luz (Aspectos Positivos)

- Autoconhecimento e iluminação
- Superação de desafios internos
- Conexão com o inconsciente profundo
- Jornada de transformação

● Sombra (Aspectos Negativos)

- Confusão e sensação de estar perdido
- Ciclos repetitivos sem evolução
- Medo de enfrentar os próprios demônios
- Dificuldade em encontrar a saída

🔥 Como ativar?

- Caminhar em labirintos reais ou visuais como exercício espiritual
- Meditar sobre desafios internos e soluções ocultas
- Trabalhar a paciência e a introspecção

▲ A PIRÂMIDE – O Arquétipo da Ascensão e do Poder

✦ Luz (Aspectos Positivos)

- Conexão com conhecimento ancestral
- Elevação espiritual e progresso pessoal
- Estrutura e estabilidade
- Poder e sabedoria

● Sombra (Aspectos Negativos)

- Hierarquias opressoras e controle
- Desejo excessivo por status e poder
- Rigidez e resistência à mudança
- Uso do conhecimento para manipulação

🔥 Como ativar?

- Estudar os mistérios das pirâmides e sua geometria sagrada
- Criar metas bem estruturadas para ascensão pessoal
- Trabalhar a conexão entre mente, corpo e espírito

⌛ O RELÓGIO – O Arquétipo do Tempo e do Destino

✦ Luz (Aspectos Positivos)

- Organização e disciplina
- Compreensão dos ciclos da vida
- Paciência e sabedoria temporal
- Controle sobre o próprio tempo

● Sombra (Aspectos Negativos)

- Pressão do tempo e ansiedade
- Sensação de estar atrasado ou desperdiçando a vida
- Rigidez na rotina e falta de flexibilidade
- Medo da morte

🔥 Como ativar?

- Trabalhar a administração do tempo de forma consciente
- Praticar mindfulness e presença no momento
- Estudar os ciclos naturais e como usá-los a favor

🌙 A LUA CRESCENTE – O Arquétipo da Renovação e do Crescimento

✨ Luz (Aspectos Positivos)

- Expansão e novas oportunidades
- Criatividade e crescimento espiritual
- Fertilidade e prosperidade
- Energia positiva e otimismo

⚫ Sombra (Aspectos Negativos)

- Expectativas irreais e ilusões
- Impulsividade sem planejamento
- Excesso de entusiasmo sem estrutura
- Distração e falta de foco

🔥 Como ativar?

- Iniciar novos projetos na Lua Crescente
- Trabalhar afirmações de crescimento e abundância
- Focar em expansão sem perder o equilíbrio

Arquétipos em Números e Arquétipos de Sombras

Os números carregam arquétipos poderosos, usados em esoterismo, numerologia, mitologia, religiões e ciências ocultas. Eles representam princípios universais, influenciando desde a matemática até a espiritualidade.

Os arquétipos de sombras representam aspectos ocultos e destrutivos do inconsciente humano, muitas vezes reprimidos ou ignorados. Eles aparecem em mitos e psicologia como forças caóticas que desafiam o equilíbrio da psique.

Cada um deles tem aspectos de luz e sombra, podendo ser compreendidos e trabalhados para transformação pessoal.

⬛ UNIDADE, PODER, O COMEÇO

✦ Luz (Aspectos Positivos)
- Individualidade e liderança
- Início de novos ciclos
- Autoconfiança e pioneirismo
- Poder de manifestação

⚫ Sombra (Aspectos Negativos)
- Egoísmo e autoritarismo
- Solidão e isolamento
- Dificuldade em pedir ajuda
- Desejo de controle

🔥 Como ativar?
- Assumir liderança e responsabilidade própria
- Trabalhar independência sem arrogância
- Iniciar projetos com determinação

■ CRIAÇÃO, EQUILÍBRIO, EXPRESSÃO

✦ Luz (Aspectos Positivos)

- Criatividade e comunicação
- Expressão artística e emocional
- Expansão e equilíbrio dinâmico
- Conexão entre mente, corpo e espírito

● Sombra (Aspectos Negativos)

- Superficialidade e dispersão
- Inconstância e falta de compromisso
- Manipulação pela comunicação
- Uso da criatividade para enganar

🔥 Como ativar?

- Criar algo novo todos os dias
- Trabalhar equilíbrio entre ação e emoção
- Desenvolver autoconfiança na expressão

■ SABEDORIA, MISTÉRIO, ESPIRITUALIDADE

✦ Luz (Aspectos Positivos)

- Introspecção e autoconhecimento
- Busca pelo oculto e mistérios da vida
- Inteligência profunda e percepção aguçada
- Conexão espiritual elevada

● Sombra (Aspectos Negativos)

- Isolamento extremo e frieza emocional
- Arrogância intelectual e desprezo pelo comum
- Paranóia e obsessão pelo oculto
- Desconexão do mundo material

🔥 Como ativar?

- Estudar filosofia, espiritualidade e esoterismo
- Cultivar o silêncio e a meditação
- Buscar equilíbrio entre sabedoria e ação prática

■ TRANSFORMAÇÃO, CICLO, CONCLUSÃO

✦ Luz (Aspectos Positivos)

- Finalização de ciclos e renascimento
- Altruísmo e compaixão
- Integração da experiência e maturidade
- Crescimento pessoal profundo

⬤ Sombra (Aspectos Negativos)

- Medo do fim e resistência à mudança
- Sofrimento pelo apego ao passado
- Sensação de não pertencimento
- Autossacrifício desnecessário

🔥 Como ativar?

- Deixar ir o que não serve mais
- Aceitar mudanças como parte da evolução
- Trabalhar o desapego sem medo

■■ TOTALIDADE, ESTRUTURA CÓSMICA, PLENITUDE

✦ Luz (Aspectos Positivos)

- Completude e realização
- Ordem cósmica e harmonia
- Força e estabilidade estrutural
- Conexão com ciclos e ritmos naturais

⬤ Sombra (Aspectos Negativos)

- Rigidez extrema e dogmatismo
- Imposição de regras sem questionamento
- Desejo de controle absoluto
- Medo da mudança e do inesperado

🔥 Como ativar?

- Trabalhar organização sem rigidez excessiva
- Buscar harmonia entre estrutura e flexibilidade
- Explorar a conexão com os ciclos naturais

Arquétipos de Sombras (Psicológicas e Mitológicas)

👑 O TIRANO – O Senhor do Controle Absoluto

✨ Luz (Aspectos Positivos)

- Liderança e capacidade de comando
- Estratégia e visão ampla
- Autoridade e determinação

⬤ Sombra (Aspectos Negativos)

- Ditadura, controle e opressão
- Medo de perder o poder
- Despotismo e falta de empatia

🔥 Como integrar?

- Equilibrar poder com compaixão
- Praticar liderança sem imposição
- Aceitar que nem tudo pode ser controlado

🎭 O MANIPULADOR – O Ilusionista das Emoções

✨ Luz (Aspectos Positivos)

- Inteligência social e estratégia
- Capacidade de adaptação e persuasão
- Habilidade de ler emoções

⬤ Sombra (Aspectos Negativos)

- Engano e falsidade
- Uso das emoções dos outros para vantagem própria
- Falsa amizade e traição

🔥 Como integrar?

- Usar habilidades sociais com ética
- Desenvolver sinceridade nas relações
- Trabalhar transparência na comunicação

🛡 O LOUCO – O Caos Imprevisível

✦ Luz (Aspectos Positivos)

- Liberdade e criatividade sem limites
- Quebra de paradigmas e ousadia
- Energia renovadora e espontaneidade

⬤ Sombra (Aspectos Negativos)

- Comportamento destrutivo e impulsivo
- Falta de responsabilidade
- Imaturidade e inconsequência

🔥 Como integrar?

- Manter liberdade sem irresponsabilidade
- Usar criatividade sem causar danos
- Equilibrar intuição e lógica

🛡 O DEMÔNIO – A Sombra Suprema

✦ Luz (Aspectos Positivos)

- Coragem para enfrentar a escuridão interior
- Poder de transformação extrema
- Resistência e força psíquica

⬤ Sombra (Aspectos Negativos)

- Maldade, crueldade e manipulação
- Desejo de destruição sem propósito
- Comportamento sem ética ou limites

🔥 Como integrar?

- Encarar a própria sombra sem medo
- Transformar impulsos negativos em crescimento
- Trabalhar a moralidade e limites internos

Arquétipos que eu, Carol Capel, uso:

Desde que eu comecei a estudar a psicologia profunda de Jung eu comecei a incorporar alguns desses arquétipos na minha vida.

É importante de mencionar que eu não uso apenas um arquétipo, mas sim muitos, direcionados de acordo com as minhas necessidades pessoais e profissionais.

Aqui vão alguns que eu uso:

O Cavalo no Escritório – O Arquétipo da Liberdade e Produtividade

O cavalo é um arquétipo de liberdade, força e resistência. Sua presença no escritório sugere a necessidade de autonomia no trabalho, além da busca por um ambiente dinâmico onde a criatividade e a produtividade fluam sem restrições. O cavalo é incansável e representa uma energia vigorosa que ajuda a manter o ritmo e a persistência.

No aspecto positivo, o cavalo traz disciplina e determinação, favorecendo a resistência diante dos desafios profissionais. Ele incentiva a seguir em frente sem hesitação, como se estivesse constantemente em movimento, superando obstáculos sem perder o fôlego.

No entanto, o lado sombra do arquétipo pode trazer impaciência e um desejo constante por novidade, dificultando a permanência em projetos que exigem longo prazo. Pode gerar inquietação, fazendo com que seja difícil manter o foco em uma única tarefa por muito tempo.

A ativação desse arquétipo acontece ao buscar um equilíbrio entre liberdade e estrutura, permitindo que a energia do cavalo impulsione o trabalho sem causar dispersão.

O Lobo no Quarto – O Guardião da Intuição e do Descanso

O lobo é um arquétipo de independência e lealdade à própria essência. Sua presença no quarto sugere que o descanso deve ser um momento de conexão interior e regeneração profunda. O lobo tem forte vínculo com os ciclos naturais e a intuição, tornando-se um protetor espiritual durante o sono.

No aspecto positivo, ele oferece segurança emocional, ajudando a mente a entrar em um estado de relaxamento consciente. A energia do lobo proporciona proteção contra energias externas e influências negativas, garantindo que o descanso seja restaurador.

Por outro lado, o lado sombra do arquétipo pode trazer inquietação noturna, insônia ou sonhos intensos, pois o lobo está sempre em estado de alerta. Pode haver uma sensação de hiper-vigilância, como se fosse difícil desligar a mente antes de dormir.

Para ativar esse arquétipo da forma correta, é importante estabelecer um ambiente tranquilo, permitindo que o lobo cumpra seu papel de guardião sem estimular estados de alerta desnecessários.

O Dragão para as Finanças – O Guardião da Riqueza e do Poder

O dragão é um dos arquétipos mais poderosos ligados à proteção de tesouros, sabedoria ancestral e prosperidade. Utilizá-lo para as finanças significa que a energia da riqueza está sendo guardada por uma força primordial, que impede perdas e protege os recursos conquistados.

No lado positivo, o dragão traz estabilidade, controle e inteligência financeira. Ele ensina a expandir a prosperidade sem desperdícios e a tomar decisões sábias no campo econômico. Sua presença também pode representar uma postura estratégica, evitando riscos desnecessários e garantindo um crescimento sólido.

No entanto, o lado sombra do dragão pode trazer obsessão pelo controle financeiro, medo de perder dinheiro ou resistência em investir e expandir por receio de vulnerabilidade. Ele pode gerar uma necessidade extrema de acumulação sem desfrutar dos frutos da própria riqueza.

Para ativar esse arquétipo com equilíbrio, é essencial manter a segurança financeira sem cair em paranoia, permitindo que o dinheiro flua com inteligência e sem medo da escassez.

Roupas Pretas – O Arquétipo da Proteção e Mistério

O preto é uma cor de poder, introspecção e mistério. Ele cria uma barreira energética que protege contra influências externas, funcionando como um escudo invisível. O uso constante de roupas pretas fortalece a aura pessoal e confere uma presença marcante e enigmática.

No aspecto positivo, o preto traz sofisticação, seriedade e autoridade. Ele ajuda a manter o foco, elimina distrações visuais e intensifica a concentração. É também um símbolo de independência, demonstrando que a energia pessoal não está disponível para qualquer um.

No entanto, o lado sombra dessa cor pode trazer distanciamento emocional e isolamento. O preto pode criar uma barreira excessiva, dificultando a proximidade com outras pessoas e transmitindo uma imagem de inacessibilidade.

Para equilibrar esse arquétipo, é interessante combiná-lo com acessórios ou pequenos detalhes em outras cores que tragam suavidade, sem perder a força e a proteção que ele proporciona.

Acessórios na Cor Prata – O Arquétipo da Intuição e da Conexão Lunar

A prata é um metal ligado à lua, à intuição e ao mistério. A escolha de acessórios nessa cor indica uma forte conexão com os ciclos naturais e um desejo de manter uma energia fluida e espiritual.

No lado positivo, a prata amplia a intuição, facilita o acesso ao inconsciente e fortalece a percepção sutil. Ela também equilibra o emocional e proporciona uma energia de sofisticação discreta, sem excessos.

Por outro lado, o lado sombra pode trazer um certo distanciamento do mundo material, favorecendo um excesso de introspecção. Pode haver uma tendência a ficar mais observadora do que participativa, criando uma barreira entre o interno e o externo.

A ativação correta desse arquétipo envolve o uso da prata como um canal de equilíbrio, sem permitir que ela leve a um estado de introspecção excessiva.

Gato Egípcio para Foco – O Guardião da Sabedoria e do Mistério
O gato egípcio é um arquétipo de mistério, concentração e conexão com o divino. Sua escolha para o foco indica um desejo de manter a mente afiada, eliminar distrações e aprofundar-se no conhecimento.

No lado positivo, ele traz disciplina mental, inteligência estratégica e uma capacidade aguçada de observar e analisar. O gato egípcio é paciente, calculista e sabe esperar o momento certo para agir.

O lado sombra pode se manifestar como perfeccionismo excessivo, isolamento intelectual e dificuldade em relaxar. Pode haver uma tendência a exigir demais de si mesma, resultando em tensão mental.

Para ativar esse arquétipo de forma equilibrada, é importante intercalar momentos de intensa concentração com pausas para descanso, evitando sobrecarga mental.

Raposa na Cozinha – O Arquétipo da Astúcia e da Criatividade
A raposa é um arquétipo de inteligência adaptativa e estratégia. Tê-la na cozinha sugere que a alimentação é vista não apenas como nutrição, mas como um jogo de criatividade e refinamento.

No lado positivo, ela traz versatilidade, criatividade na culinária e uma abordagem estratégica sobre a nutrição. A raposa sabe extrair o máximo de recursos disponíveis e transformar qualquer situação a seu favor.

No entanto, o lado sombra pode trazer pressa, falta de paciência e tendência a atalhos que nem sempre são os melhores. Pode haver uma impaciência em processos demorados e uma busca por soluções rápidas.

Para equilibrar esse arquétipo, é essencial trazer mais presença para o ato de cozinhar, transformando-o em um momento de conexão com os alimentos e com o próprio corpo.

Saturno para Disciplina – O Arquétipo da Ordem e do Tempo
Saturno é o arquétipo do tempo, da disciplina e da estrutura. Ele rege a responsabilidade e a construção de bases sólidas. Usá-lo para disciplina significa estar alinhada com a energia da persistência e da maturidade.

No lado positivo, ele traz organização, paciência e resiliência. Ensina a importância do esforço constante e do planejamento para o sucesso a longo prazo.

No lado sombra, Saturno pode gerar rigidez extrema, autocobrança excessiva e medo do fracasso. Pode tornar a rotina muito pesada e inflexível.

A ativação equilibrada desse arquétipo acontece ao trabalhar a disciplina com flexibilidade, permitindo momentos de descanso e prazer sem culpa.

Relógio no Escritório – O relógio no escritório é um arquétipo poderoso que representa a disciplina, a estrutura do tempo e a necessidade de equilíbrio entre produtividade e planejamento. Ele é um símbolo recorrente em diversas tradições filosóficas e ocultistas, carregando significados profundos relacionados ao controle do destino, à passagem inevitável do tempo e à sabedoria de saber quando agir e quando esperar.

No ambiente de trabalho, o relógio assume um papel de ordem e foco, estabelecendo um ritmo para as tarefas diárias e reforçando a ideia de que cada segundo é valioso. Sua presença no escritório indica uma abordagem disciplinada para a produtividade, onde gestão do tempo, organização e responsabilidade são fundamentais para alcançar objetivos.

O aspecto de luz desse arquétipo se manifesta na capacidade de administrar o tempo de forma eficiente, priorizar tarefas e manter uma rotina estruturada sem procrastinação. Ele fortalece a autodisciplina e ajuda a desenvolver a habilidade de planejar metas de curto, médio e longo prazo, garantindo que nada seja deixado ao acaso. O relógio também simboliza pontualidade e comprometimento, reforçando a seriedade no trabalho e o respeito pelo próprio esforço e pelo tempo alheio.

No entanto, o lado sombra desse arquétipo pode se revelar através da obsessão pelo tempo e pela produtividade extrema, levando a uma sensação constante de urgência ou ansiedade. O relógio pode se transformar em um símbolo de cobrança interna, fazendo com que o trabalho nunca pareça suficiente e que a pessoa se sinta sempre correndo contra o tempo. Ele também pode representar um desejo de controle absoluto sobre a realidade, o que pode gerar frustração diante de imprevistos e dificuldades que fogem do planejamento.

Para ativar esse arquétipo de forma equilibrada, é essencial aprender a usar o tempo a favor, sem se tornar escravo dele. Isso significa estabelecer uma rotina organizada, mas também flexível o suficiente para permitir pausas e momentos de introspecção. O relógio deve ser um aliado na construção da eficiência, mas sem se tornar um opressor invisível que cria uma falsa sensação de urgência constante.

Simbolicamente, o relógio no escritório pode ser visto como uma representação da conexão entre passado, presente e futuro, lembrando que todas as ações realizadas no agora são responsáveis pela construção do que virá. Ele ensina a importância de agir no momento certo, respeitar os ciclos naturais do trabalho e confiar no próprio ritmo, sabendo que cada etapa tem seu tempo ideal para acontecer.

Assim, o arquétipo do relógio no escritório é uma ferramenta poderosa para quem busca ordem, planejamento e autodisciplina, mas que deve ser utilizado com sabedoria para evitar o extremo da rigidez e da ansiedade pelo tempo que nunca para.

Cada um desses arquétipos se entrelaça para criar um sistema simbólico poderoso, moldando energias e comportamentos de maneira consciente e estratégica. Eles funcionam como guias que rientam decisões e fortalecem a identidade, permitindo que eu me conecte com diferentes forças arquetípicas de forma equilibrada e intencional.

Agradecimentos:

A jornada pelo conhecimento dos arquétipos é um caminho de descobertas profundas, onde símbolos se tornam chaves e significados ocultos se revelam para aqueles que ousam enxergar além do óbvio. Se você chegou até aqui, significa que sua mente está aberta para compreender as forças invisíveis que moldam a realidade, e isso, por si só, já é um grande passo rumo ao autoconhecimento e à transformação.

Agradeço por ter dedicado seu tempo e sua atenção a este livro, por ter explorado cada conceito, refletido sobre cada arquétipo e permitido que essas ideias ressoassem dentro de você. Que essa leitura tenha despertado novas percepções, fortalecido sua conexão com seu próprio poder e aberto portas para que você possa construir a vida que deseja, alinhada com as forças que regem seu destino.

Que você encontre seu caminho, não como alguém que caminha às cegas, mas como um verdadeiro conhecedor das energias que circulam dentro e fora de você. Que cada arquétipo que passou pelos seus olhos se torne um guia para suas decisões, um símbolo para sua jornada e um lembrete de que você tem o poder de moldar sua própria realidade.

O conhecimento é um farol, mas o que você faz com ele é o que realmente importa. Use essa sabedoria com consciência, respeite sua intuição e não tema as mudanças. O destino não está escrito em pedra; ele é um labirinto dinâmico que se expande conforme você avança, e agora você tem as ferramentas para navegar por ele com clareza e propósito.

Com gratidão, desejo que sua jornada seja iluminada, que suas escolhas sejam sábias e que sua essência se manifeste com autenticidade. Que os arquétipos que agora fazem parte da sua consciência te guiem para um caminho de evolução, força e realização. Você já possui todas as respostas que busca. Basta ouvir, observar e seguir adiante.

Made in United States
Orlando, FL
02 March 2025

59042956R00081